D0663542

Une voix
pour les sans-voix

UQAR
BIBLIOTHÈQUE
ÉLAGUÉ

Une voix
pour les sans-voix

Le message social de Mgr Adolphe Proulx

évêque de Gatineau-Hull

NOVALIS

1988

Remerciements: Mlle Marguerite Proulx, soeur de Mgr Adolphe Proulx; Antoinette Beaulieu, s.s.c.j., archiviste au diocèse de Gatineau-Hull; Claire Leblanc, s.s.c.j., secrétaire de Mgr Proulx.

© Copyright 1987, Diocèse de Gatineau-Hull

© Copyright 1987, Novalis, Université Saint-Paul, Ottawa

Illustrations : Dessin de la couverture, Bado, Quotidien LeDroit, Ottawa; dessin de Girerd, La Presse, Montréal, p. 22.

Photographies : Quotidien *Le Droit*, Ottawa: pp. 10, 29, 51, 56, 74, 82, 102, 118, 130, 159; Collection de Marguerite Proulx: pp. 12, 15, 17, 19; Archives de la CECC: pp. 26, 90; Archives du diocèse de Gatineau-Hull: pp. 28, 142, 150, 168, 184; Photo CANAPRESS: p. 32; Photo Features Ltd, Murray Mosher: p. 46.

Dépôts légaux : premier trimestre 1988

Bibliothèque nationale du Canada

Bibliothèque nationale du Québec

Distribution : C.P. 700, Hull, Qué. J8Z 1X1

ISBN : 2-89088-334-5

NOVALIS

Un prophète pour notre temps

Monseigneur Proulx a été un prophète pour notre temps. Disciple et ami de Dom Helder Camara, l'évêque de Gatineau-Hull, au fil des ans, s'est de plus en plus identifié aux pauvres et il s'est mis à leur service. Il n'est pas étonnant que, à l'annonce de sa mort, un témoignage unanime l'ait présenté comme l'évêque des pauvres.

Il importe, cependant, d'aller plus loin que d'évoquer ce trait magnifique. De tous temps, en effet, il y eut des âmes ardentes qui ont donné leur vie pour le service des pauvres. Le témoignage de Monseigneur Proulx est d'autant plus éloquent et stimulant qu'il est précis et situé. Pour ma part, je retiens cinq aspects de son engagement avec les pauvres.

Monseigneur Proulx est disponible à toutes catégories de gens dans le besoin. On parle beaucoup de sa présence aux assistés sociaux, aux chômeurs et aux réfugiés. On peut parler aussi des jeunes, des femmes, des malades, des personnes âgées. Il a du temps pour les artisans de paix, les militants des groupes populaires, les rassemblements de célébration et de prière. Son agenda est celui des gens concernés par les Béatitudes.

La solidarité de l'évêque de Gatineau-Hull avec les petits de ce monde est un authentique bouillon de culture pour l'espérance chrétienne. Son amitié et sa présence donnent visibilité et sécurité à des groupes sans moyens sociaux importants. Avoir un évêque avec soi, pour ces regroupements épris de justice et de paix, apporte caution morale supplémentaire et accès à un réseau très élargi d'interlocuteurs. L'expérience vécue par ces personnes s'éclaire de l'Évangile révélé par la présence et la parole de Monseigneur Proulx. L'espérance dans le Royaume de Dieu jaillit dans des solidarités de ce genre.

Celles-ci, cependant, ne vont pas sans opposition de la part de ceux qui défendent les intérêts différents. A la suite de ses prises de parole, Monseigneur Proulx connaît la contestation. Puisqu'il faut appeler les choses par leur nom, cet évêque est impliqué dans des conflits. Ce qui est remarquable, c'est la façon dont il vit ces situations conflictuelles. Il nous apprend la manière chrétienne de gérer les conflits. Sa parole est claire, directe, centrée sur la recherche de justice; son attitude à l'égard des adversaires est faite de respect, de douceur, d'appel au dialogue et à la collaboration. Il est à la fois profondément évangélique et nettement situé par rapport aux options concrètes favorisant la justice et la paix.

Une telle parole ne passe pas inaperçue. Même les gens ne partageant pas son point de vue l'écoutent. Nul doute que, dans une période où l'Église apparaît à plusieurs comme marginale et en perte croissante de vitesse, Monseigneur Proulx donne de la crédibilité aux discours des évêques. Bien sûr, il est un homme intelligent et doué pour les médias. Il est surtout un pasteur dont le langage simple, non-agressif, direct et évangélique, constitue dans les débats actuels une approche neuve et une parole de vie. Son comportement demeure à mes yeux un chemin de lumière.

Enfin, Monseigneur Proulx illustre très bien une dimension souvent mal comprise de la mission de l'évêque. Ce dernier est non seulement responsable d'une Église particulière, c'est-à-dire le diocèse qui lui est confié, mais il l'est aussi de l'ensemble de l'Église, partout dans le monde. Sans interférence avec l'action du pape ou celle de l'évêque diocésain, chaque évêque doit porter le souci de toutes les Églises et de chacune. Certains membres du Collège épiscopal cherchent parfois leur voie en ce domaine. Le travail pastoral de Monseigneur Proulx dans les domaines de la paix, des droits humains, de la défense des réfugiés, tout comme son action pour les défavorisés et son appui aux projets de promotion humaine le révèlent présent et actif dans les Églises d'ici et d'ailleurs. Manifestement, ce pasteur est un prophète pour notre temps

Bernard Hubert
évêque de Saint-Jean-Longueuil

---

* Mgr Bernard Hubert était alors Président de la Conférence des évêques catholiques du Canada.

Notes de l'éditeur

1- "Une voix pour les sans-voix" est un recueil des textes les plus beaux et les plus percutants de Mgr Adolphe Proulx, évêque de Gatineau-Hull, sur les questions sociales de l'heure. On trouve également, dans la quatrième partie du livre, l'enracinement doctrinal qui fonde ses prises de position en faveur des plus petits, des démunis de la société, des sans-voix.

Ce livre ne présente donc pas de textes sur des sujets plus spirituels comme la prière, la liturgie, les sacrements, la pastorale en général, où son discours s'apparente à celui des autres évêques.

2- Pour montrer combien Mgr Proulx se situait au coeur du "monde de ce temps", on a privilégié les interventions faites à la radio, à la télévision, dans les journaux, les clubs sociaux, etc. Souvent, d'ailleurs, ces exposés brefs et incisifs sont plus vivants et plus forts que les textes écrits.

3- Tous les textes de Mgr Proulx sont la propriété du diocèse de Gatineau-Hull qui en autorise la publication dans ce livre. Les droits d'auteur seront versées à la Fondation Mgr Adolphe Proulx, pour la promotion des causes sociales. Les textes tirés des émissions radiophoniques et télévisées de Radio-Canada sont publiés par entente avec les Services de distribution hors antenne et avec les Entreprises Radio-Canada. La transcription respecte fidèlement la pensée de l'auteur, en supprimant cependant les hésitations et les redites, selon l'usage.

4- Le témoignage de Mgr Proulx déborde largement ses paroles et ses écrits. C'est pourquoi on a cru bon de consacrer la première partie de ce livre au résumé qu'il a fait lui-même de sa vie. De même, dans la troisième partie, le P. Roger Porier, o.m.i., qui a été vicaire épiscopal et directeur général de la pastorale du diocèse de Gatineau-Hull, raconte quelques gestes prophétiques de son évêque. On croit les témoins qui vivent eux-mêmes les valeurs qu'ils proposent aux autres

Première partie
Notes autobiographiques

«Comment m'est venue cette option pour les pauvres»

Lieu de naissance et enraciment dans un milieu

Je suis né le 12 décembre 1927 à Hanmer, village qui s'appelle aujourd'hui Val-Thérèse, dans la région de Sudbury. Je suis le dixième d'une famille de douze enfants. Mon père était cultivateur sur une immense ferme avec un troupeau de vaches laitières. Dès mon plus jeune âge, j'ai eu à partager avec mes frères et mes parents les travaux usuels de l'exploitation agricole.

En 1927, c'était déjà le début de la crise, mais je ne peux pas dire que j'en ai été affecté. La ferme laitière nous permettait d'avoir un revenu régulier. Cependant, j'ai pu voir défiler pendant ma jeunesse, à la maison familiale, des vagabonds à la recherche d'un travail. Ma mère était toujours prête à leur préparer une collation et à les écouter. Mon contact avec les chômeurs était déjà commencé. Souvent, le soir venu, certains demandaient à passer la nuit. Mon père, avec les précautions normales, leur permettait de coucher dans la grange. Nous avions de l'espace à cet endroit et du foin leur permettait de se réchauffer. Dès notre plus jeune âge, nous avons été habitués à ne pas craindre les passants

N.d.l.r. : Cette entrevue, réalisée par Claude Auger le 17 décembre 1985, est complétée par des extraits d'un article publié dans le bulletin diocésain *Rues de l'Église... Église de la rue* en janvier 1985, et d'une entrevue radiodiffusée par Radio-Canada, le 22 décembre 1986, dans le cadre de l'émission "Il fait toujours beau quelque part".

Adolphe Proulx (à dr.) âgé de 16 ou 17 ans; son frère Lucien (à g.) et leur cousin Arthur Parent.

qui demandaient de l'aide. C'était déjà une leçon des réalités vécues par les plus pauvres, surtout durant la crise économique des années 30.

J'étais membre d'une grosse famille, beaucoup de cousins et de parents dans la région, des familles de 10, 12 et même 15 enfants dans bien des cas. Nous avions beaucoup de visites et beaucoup de chances d'échanger. Nous étions des savants pour le temps : nous lisions les journaux! Mon père ne savait pas lire, alors je les lui lisais, j'étais celui qui était volontaire le plus souvent pour cela.

Mes études

J'étais un jeune sans doute pas très sage, mais pas gamin au sens populaire du mot. J'étais surtout affecté par la maladie quand j'étais jeune, et cela a agi sur mon comportement. J'étais un type plutôt studieux, peut-être par la force des choses, parce que je ne pouvais pas m'exercer à des sports plus virils à cause de ces faiblesses, des hémorragies assez fréquentes. Cela s'est passé, ce n'était sans doute pas très grave.

J'ai fréquenté l'école élémentaire publique de ma région durant six ans. Nous étions soixante jeunes dans une école d'une classe, avec un seul professeur. J'ai pu comprendre qu'il fallait être patient et savoir attendre que le professeur soit libre de prodiguer son enseignement, souvent après les heures normales.

Par la suite, je suis allé à l'école secondaire privée du village de Hanmer, l'école Saint-Jacques. Pour la première et la seule fois de ma vie, j'ai eu pour m'enseigner une religieuse de la Congrégation des Soeurs de la Charité d'Ottawa, qu'on appelait alors Soeurs Grises de la Croix, Soeur Anne-Marguerite. C'est la première fois aussi que j'ai osé confier à quelqu'un le désir, peut-être vague à ce moment-là, que j'avais de devenir prêtre.

J'ai ensuite quitté cette école pour fréquenter, à peu près une année, l'école secondaire publique de Sudbury. C'était un milieu très mixte où jeunes francophones, anglophones, polonais, ukrainiens, finlandais, se côtoyaient.

Mon rêve était d'aller au Collège du Sacré-Coeur de Sudbury, tenu par les Jésuites, où je pourrais plus facilement terminer des études même de niveau universitaire. J'ai pu enfin aller à ce collège, chevauchant deux classes parce que je n'avais pas pris de cours de latin aux autres écoles.

Mes premières expériences

Dès l'âge de dix-sept ans, j'ai réussi à me faire embaucher pour travailler dans les mines de la région, Falconbridge et Inco. J'ai pris une chance, je suis allé passer un examen en mentant sur mon âge, pour pouvoir entrer et faire de beaux salaires. Cela m'a permis d'aller au collège, avec l'argent que j'économisais. Ainsi, sept étés durant, j'ai travaillé sous terre, et un été dans les hauts fourneaux de Cooper Cliff. C'était ma première expérience et mon premier contact avec des mineurs.

Lorsque j'ai commencé à travailler avec eux, ils venaient de réussir, avec difficulté, à se syndiquer. A leur contact, et au contact de membres de ma famille qui étaient mineurs, j'ai pu comprendre la situation de ceux qui ont souvent été exploités. J'ai vu de près les injustices de l'employeur vis-à-vis ses propres ouvriers. Je me suis alors intéressé au syndicat comme un instrument très important pour la promotion des travailleurs, la protection de leurs droits et le développement de leur potentiel et de leurs talents, rendant ainsi possible une vie plus normale pour leurs familles.

Au Collège, j'ai milité dans l'A.C.J.C. et dans la Congrégation mariale. J'ai également été influencé par des confrères et des professeurs intéressés aux mouvements coopératifs, caisses populaires et syndicats, comme moyens de développement pour aider les gens à se prendre en mains. L'un d'eux, le père Bernard Bourassa, le fils d'Henri, m'a particulièrement impressionné. C'est également pendant ces années que j'ai envisagé sérieusement le sacerdoce, que je voyais comme un don total au service du peuple, surtout de ceux et celles qui ont besoin de défenseur.

Mes années de séminaire

En septembre 1950, j'ai commencé à fréquenter St.Augustine's Seminary de Toronto, à la suite d'une demande faite à l'évêque du diocèse de Sault-Sainte-Marie, Mgr Ralph Dignan. Ce fut ma première expérience d'immersion dans un milieu plutôt anglophone, même s'il y avait, distribués sur les trois années de philosophie et les quatre de théologie, une vingtaine d'étudiants francophones. Les cours étaient plutôt traditionnels et il n'y avait pas comme tel de cours sur la justice sociale ou sur le mouvement ouvrier. Cependant il y avait, à l'intérieur du Séminaire, un club de débats où nous pouvions discuter des questions syndicales et de justice. Je me souviens d'y avoir rencontré différents intervenants de l'extérieur, invités par

Ordination sacerdotale à North Bay, le 17 avril 1954.

le Séminaire, notamment Roméo Maione, un Montréalais qui était alors président international de la J.O.C.

Sachant que je devais retourner dans un milieu majoritairement ouvrier, je continuais à m'intéresser au sort des travailleurs et à m'informer sur les moyens proposés par l'Église pour leur permettre de prendre leur place légitime dans la société. On était parfois réticents, au niveau des supérieurs du Séminaire, à nous laisser trop de liberté dans ces domaines alors jugés dangereux! Ce ne serait pas la première fois où je serais mis en garde, par des personnes d'Église bien-pensantes, sur les dangers de trop s'impliquer du côté des travailleurs et des pauvres.

Sacerdoce et premiers ministères

Le 17 avril 1954, Mgr Dignan m'ordonne prêtre à la co-cathédrale de l'Assomption à North Bay. Le 1er mai de la même année, je commence mon ministère comme vicaire à la paroisse St-Vincent-de-Paul de North Bay, qui regroupait tous les francophones de cette ville. J'ai fait le ministère ordinaire pour un vicaire à ce moment-là. J'ai pu communier avec les francophones qui avaient encore à lutter pour prendre leur place dans la société. Je me suis occupé de manière toute particulière de la pastorale auprès des jeunes.

En juillet 1955, j'étais muté à la paroisse Notre-Dame-de-la-Merci de Coniston, tout près de Sudbury. Vicaire d'un curé malade et très souvent absent, j'ai eu à assumer toutes les charges pastorales et à vivre en contact avec des fidèles qui travaillaient, sur trois équipes, dans les hauts fourneaux de la région. J'ai pu voir, peut-être pour la première fois, tous les dommages causés par les émanations sulfureuses des cheminées qui brûlaient toute végétation, tellement que les arbres ne réussissaient pas à survivre et créaient un paysage lunaire. Les cultivateurs commençaient à réaliser que ce qui était dommageable pour les clôtures pouvait l'être aussi pour les poumons...

Une expérience que je considère précieuse dans ce milieu a été la formation d'une coopérative d'habitation. J'ai vu comment des jeunes foyers pouvaient, en se regroupant, résoudre des problèmes impossibles à envisager lorsqu'on est seul. Les douze foyers qui ont réussi à se bâtir une maison dans la région, après une année d'étude et de planification, ont en quelque sorte ouvert la route pour toute la région à d'autres coopérateurs.

Je suis resté à Coniston jusqu'à la fin de l'année 1957. Mgr Alexandre Carter, devenu depuis février évêque coadjuteur du diocèse de Sault-Sainte-Marie, était alors nommé par Rome administrateur du diocèse. Il a toujours été vivement intéressé par la dimension sociale de sa charge pastorale, ce qui était un peu inusité pour le temps. Aussitôt arrivé à ce poste, Mgr Carter a voulu s'adjoindre un prêtre francophone comme collaborateur. Je suis devenu membre de la curie diocésaine en tant que préposé aux affaires francophones.

Mes études à Rome

En septembre 1958, Mgr Carter m'envoyait à Rome pour y poursuivre des études en droit canonique. J'ai fréquenté

Ordination épiscopale, le 24 février 1965.

l'Université Angelicum, dirigée par les pères Dominicains. Dès mon arrivée à Rome, j'ai eu le bonheur de voir le pape Pie XII dans sa dernière audience publique à Castel Gandolfo. J'ai pu assister à ses funérailles. Ce qui est plus important encore, j'étais présent sur la place St-Pierre quand Giuseppe Roncalli est devenu évêque de Rome et Pape de l'Église à l'âge de 78 ans. J'ai eu le plaisir de rencontrer à deux reprises, avec un évêque canadien faisant sa visite *ad limina*, le pape Jean XXIII. Il m'a vraiment impressionné comme pasteur. Je retiens de lui sa grande simplicité: nous nous sentions à l'aise avec lui et nous pouvions facilement lui adresser la parole.

J'ai pu, durant mes études également, avoir des contacts avec des prêtres des différentes parties du monde, surtout du Tiers-Monde. La Providence me préparait déjà à voir plus loin que les limites d'une Église particulière et d'un pays comme le Canada.

En juin 1960, je reviens au Canada avec ma licence en droit canonique pour reprendre mes fonctions au niveau de la curie diocésaine de Sault-Sainte-Marie. L'évêque, Mgr Carter, me nomme chancelier et directeur diocésain de l'Action catholique pour les paroisses francophones. En fin de semaine, je suis préposé, comme prêtre, à la pastorale dans la prison régionale ainsi qu'à l'hôpital psychiatrique. C'est un contact différent avec d'autres pauvres et d'autres personnes marginalisées dans notre société.

A la fin de l'année 1964, Mgr Alexander Carter m'approche pour me dire que le pape Paul VI me demandait d'accepter de devenir évêque auxiliaire à Sault-Sainte-Marie. Ce fut un choc : j'étais loin de penser que Mgr Carter, parfaitement bilingue, demanderait à un prêtre francophone de devenir son frère dans l'épiscopat pour assurer un meilleur service à l'Église. Le 24 février 1965, j'étais ordonné évêque à la co-cathédrale de l'Assomption, à North Bay. Je devenais chargé de mission spécialement pour les paroisses francophones, mais non exclusivement.

Je peux dire que, dans les deux années qui ont suivi, j'ai visité toutes les paroisses francophones du diocèse. J'ai pu partager avec les prêtres leurs soucis pastoraux, surtout en ce qui concerne les problèmes de pauvreté et les problèmes

Installation comme évêque d'Alexandria, le 16 juin 1967.

des ouvriers en particulier. Le fait d'être évêque me donnait un peu plus d'autorité pour des questions qui n'étaient pas encore considérées pastorales, telles les droits des ouvriers et les pauvres. J'ai également eu la joie de participer à la dernière session du concile Vatican II, de septembre à décembre 1965.

En avril 1967, le délégué apostolique au Canada me demandait d'accepter le poste d'évêque résidentiel pour le diocèse d'Alexandria.

Mon séjour à Alexandria

Dans le contexte ontarien, les évêques de langue française sont appelés à voir comment ils peuvent assurer l'épanouissement de la minorité francophone dans leur gouvernement pastoral. En arrivant à Alexandria, j'ai pu voir que, même si la majorité des catholiques était d'origine française, elle se comportait très souvent comme une minorité craintive. J'ai dû continuer le travail commencé par mon prédécesseur immédiat, Mgr Brodeur, et les évêques auxiliaires, NN.SS. Landriault et Plourde, à favoriser la fondation d'écoles françaises et à consolider la présence francophone au sein des Commissions scolaires.

Cependant j'ai voulu, dès mon arrivée, mettre sur pied un mécanisme de consultation et d'éveil de responsabilités au niveau laïque pour tout ce qui concerne la vie des communautés paroissiales. Autrefois, on avait l'habitude, dans les diocèses ou les provinces ecclésiastiques, d'organiser ce qu'on appelait alors des synodes diocésains. Comme nous venions de terminer le deuxième concile du Vatican, le 8 décembre 1965, j'ai pensé préférable de mettre tout le diocèse en état de concile et de voir comment les orientations de Vatican II pouvaient être traduites par des projets concrets aux niveaux diocésain et paroissial. Nous clôturions ce concile en 1971, après des échanges et des débats qui ont pu, sans doute, faire progresser les différents groupes à l'intérieur du diocèse dans le sens voulu par l'Esprit Saint à Vatican II.

Pour faire suite aux orientations de ce concile diocésain, j'ai ouvert un bureau à Cornwall et j'ai aussi acheté une résidence qui est devenue en même temps Centre diocésain pour tous les services pastoraux. Ainsi, l'évêque quittait la paroisse-cathédrale "écossaise" pour s'établir tout près de la plus grosse paroisse francophone, celle de La Nativité de Cornwall, qui est maintenant devenue co-cathédrale.

A l'occasion des débats du concile diocésain, nous avons discuté comment notre Église locale pouvait davantage se préoccuper des pauvres et de nos fidèles souvent marginalisés à cause de leur situation matrimoniale ou sociale. Chaque paroisse a dû mettre sur pied un Conseil de pastorale paroissiale; le Conseil presbytéral a été organisé.

Dans un diocèse bilingue, un Conseil diocésain de pastorale représentait certaines difficultés, mais nous avons quand même réussi à mettre en place un mécanisme permettant à l'évêque de consulter régulièrmeent les fidèles de différentes tendances, sur des sujets propres à la vie de l'Église. Pour toutes les décision d'ordre administratif, j'ai mis sur pied un Conseil diocésain d'administration financière.

Le 13 février 1974, le délégué apostolique au Canada, Mgr Del Mestri, me demandait d'accepter de devenir le deuxième évêque du diocèse de Hull. Mon premier sentiment a été de surprise, accompagné de la crainte d'être considéré, à cause de mes origines franco-ontariennes, comme un "étranger". Après beaucoup d'hésitation, j'ai accédé à la demande du Saint-Père.

Évêque au Québec

Grâce à ma présence à la Conférence des évêques catholiques du Canada, j'avais pu voir comment Mgr Paul-Émile Charbonneau, évêque fondateur de l'Église de Hull, considérait son rôle. Son implication sociale et son engagement résolu pour la cause des victimes des décisions gouvernementales, surtout en ce qui concerne les expropriations massives dans la ville de Hull, étaient largement connus de ses collègues dans l'épiscopat. J'avais bien l'intention de me situer dans une ligne de continuité avec Mgr Charbonneau. Venant de l'Ontario, je devais également tenir compte du contexte québécois et ne pas amener avec moi un complexe de minoritaire!

Église issue de Vatican II

Dans une nouvelle Église diocésaine, il était sans doute plus facile de mettre en place des mécanismes davantage axés sur les orientations voulues par Vatican II. J'ai pu le constater dans différents domaines au niveau d'un Conseil de pastorale extrêmement énergique. Par exemple, on avait dessiné une orientation différente des autres Églises diocésaines en ce qui concerne la préparation aux sacrements. Déjà on avait retardé la confirmation à un âge plus avancé, et on invitait instamment les communautés parois-

Que veut dire le nom « Proulx» ?

Lors de leur première rencontre, le pape Jean XXIII demande à Mgr Proulx ce que signifie son nom «Proulx».

Il y a deux possibilités, aurait-il répondu: ça peut vouloir dire la proue d'un navire, donc le nom de quelqu'un qui est à l'avant-garde, qui est un phare; et ça peut vouloir dire aussi un preux chevalier, brave, courageux.

Après plusieurs années, quand on regarde le rôle que Mgr Proulx exerce à ce moment dans l'Église, on voit qu'il a vu juste; je pense qu'il porte bien son nom.

(Raconté par Johanne McDuff à l'émission «Il fait toujours beau quelque part» du 24 décembre 1985, à la radio de Radio-Canada.)

siales et les familles à devenir partie prenante des sessions de préparation aux différents sacrements.

J'ai également pu voir comment la dimension sociale de la présence de l'Église était grandement privilégiée. La question de la responsabilité de tous les baptisés pour une Église dont ils faisaient partie, et dont ils devaient rendre compte, était constamment présente à l'esprit du Conseil diocésain de pastorale. Le support de l'évêque accordé aux travailleurs, aux chômeurs, aux victimes de la crise du logement, était très recherché. Je peux dire en toute franchise que je n'ai pas innové dans ces orientations. J'ai tout simplement voulu continuer avec mes propres talents une orientation que je croyais et que je crois encore tout à fait logique.

Implication politique?

Comme il était arrivé auparavant, les hommes politiques pouvaient se demander si l'Église, par la voix de l'évêque, ne devenait pas trop encombrante. L'impact de cette implication politique a surgi de manière tapageuse dans une question relative à un foyer pour personnes âgées.

A Aylmer, le Foyer Saint-Rédempteur présentait toutes les indications d'un lieu qui tombait en ruines et qui était grandement négligé par les services sociaux gouvernementaux. Ma visite du Foyer et la critique que j'en ai faite pouvaient être perçues comme un blâme direct au gouvernement. Comme le député de Hull était le ministre de la Fonction publique, il s'est senti attaqué et a vivement réagi à mon interpellation. Son invitation à l'évêque de se mêler de ses affaires et de rester "dans sa sacristie" pouvait être vue comme une déclaration de guerre. J'ai pu répondre au député et expliquer pourquoi je me croyais tenu d'intervenir, dans une conférence que j'ai donnée aux membres du Club Richelieu de Thurso, le 5 mai 1976 (N.d.l.r.: voir pp. 146-149).

Implication au niveau de la Conférence des évêques catholiques du Canada et de l'Assemblée des évêques du Québec

Dès mon arrivée à la C.E.C.C., en 1965, on m'a demandé de faire partie de la commission épiscopale d'Oecuménisme, qui avait le mandat d'explorer les moyens de faire avancer la cause de l'unité avec les autres confessions chrétiennes. Comme c'était une commission issue directement du concile Vatican II, j'ai trouvé intéressants ces contacts avec des membres des Églises anglicane, unie, luthérienne, etc. J'ai pu voir également les limites dans lesquelles nous pouvions nous trouver en échangeant sur la théologie elle-même. J'ai commencé à voir comment, dans les domaines de l'enseignement social, nous pouvions beaucoup plus facilement établir des consensus et des moyens d'action beaucoup plus efficaces, prenant ainsi au sérieux notre rôle d'Église prophétique.

J'ai aussi fait partie de la commission de l'Éducation chrétienne pour le secteur francophone. Lorsque je suis arrivé à Hull, j'étais membre du conseil d'administration de la Conférence et aussi membre de l'Exécutif. Je suis par la suite devenu membre de la commission des Affaires sociales de la C.E.C.C. A peu près en même temps, je suis devenu membre du comité des Affaires sociales de l'Assemblée des évêques du Québec. J'étais toujours intéressé à cette dimension sociale et je croyais pouvoir fournir une certaine contribution aux démarches et aux recherches de la commission. Comme membre du conseil d'administration et de la commission des Affaires sociales, j'ai pu être directement impliqué dans la préparation des différentes déclarations de la Conférence. Chaque évêque est évidemment invité à participer à l'élaboration de cet enseignement et peut, à l'occasion, contribuer personnellement à la rédaction des textes. Le choix des thèmes à traiter est davantage réservé au niveau du conseil d'administration ou des commissions.

L'une des difficultés rencontrées par les assemblées épiscopales est de trouver un langage qui permette de mieux percer le monde des médias et fasse percevoir le message comme une intervention opportune. Je crois qu'il y a eu un progrès constant dans l'approche, surtout par la commission des Affaires sociales, qui lui a permis de faire école et d'avoir une certaine influence sur le public. A cause de ma présence dans la région de la Capitale nationale, on m'a souvent demandé d'intervenir auprès des médias pour expliquer les différents messages.

Nous ne croyons pas que tous comprennent facilement pourquoi l'Église, par les évêques, se croit justifiée d'intervenir dans les différentes questions qui agitent la population. Au niveau de la C.E.C.C., nous avons pu, grâce à nos contacts avec les Églises du Tiers-Monde, surtout de l'Amérique latine et de l'Afrique, comprendre mieux l'importance pour chaque Église de pratiquer "l'option préférentielle pour les pauvres". C'était peut-être plus difficile dans le contexte nord-américain, surtout avant 1980. Même si nous avions des pauvres, ils étaient peut-être moins visibles. Avec les crises suscitées par les pays producteurs de pétrole, la révolution technologique et les méfaits de cette nouvelle situation sur la masse laborieuse, les évêques devenaient davantage conscients de l'importance pour eux de présenter le message évangélique de manière à redonner l'espérance aux victimes de ces crises.

Les droits de la personne

Dans la plupart des conférences épiscopales, il y a un comité ou une commission Justice et Paix. Le conseil d'administration de la C.E.C.C. a décidé que tout ce secteur serait traité à l'intérieur de la commission des Affaires sociales par un comité sur les droits de la personne. La Conférence a dû intervenir dans ce domaine, pressée par les demandes répétées nous venant de différents pays de l'Amérique latine, de l'Afrique et de l'Asie. Nous avons également été sollicités par les autres Églises chrétiennes. Finalement nous avons établi avec elles des Comités inter-Églises traitant des droits de la personne dans différents continents. Depuis la chute d'Allende au Chili et la prolifération de régimes oppressifs en Amérique latine, en Amérique centrale et en Afrique, le rôle de la Conférence s'est grandement élargi.

J'ai été, depuis le début, impliqué dans ce dossier et j'ai dû intervenir souvent pour demander plus de respect, la libération de personnes ou la correction de politiques nettement injustes. Même si nos interventions n'ont pas toujours été couronnées de succès, nous croyons que le fait d'intervenir, dans bien des cas, a empêché que des personnes meurent ou que l'on continue de faire disparaître des

Commission des Affaires sociales de la Conférence des évêques catholiques du Canada, en 1983. Figurent sur cette photo, de g. à dr.: Tony Clarke, Bernard Dufresne, Mgr Peter Sutton, Mgr Raymond Roy, Mgr Adolphe Proulx.

leaders gênants. Les moyens que nous avons ne sont pas toujours les meilleurs, mais nous essayons de vérifier et de contre-vérifier pour nous assurer que notre intervention ne sera jamais au détriment des personnes que nous voulons aider.

A cause de mon implication pour les droits de la personne, je suis allé au Guatemala, au Mexique, au Brésil et au Chili, où j'ai participé à un congrès sur les droits humains, à Santiago. A chaque fois, j'ai constaté sur place des situations qui seraient nettement considérées comme intolérables dans notre contexte canadien. Ce qui nous gêne beaucoup, comme membre d'un pays développé, c'est que trop souvent nos gouvernements agissent et font des affaires avec ces gouvernements répressifs sans trop se préoccuper des oppressions, des disparitions et de la torture institutionnalisée.

J'ai eu aussi le bonheur de rencontrer des personnalités éminentes quant à leur rôle au plan des droits de la personne. Sans pouvoir toutes les nommer, je voudrais quand même souligner ma rencontre avec Mgr Desmund Tutu, évêque noir anglican de l'Afrique du Sud et prix Nobel de la paix 1985.

**

D'une manière étrange sans doute, je peux dire que la Providence m'a préparé de bien des façons à remplir les rôles ou les missions qui m'ont été confiées comme évêque dans les Églises particulières où j'ai pu être en service, et aussi au sein des assemblées épiscopales dont je suis membre. L'un de ces rôles est d'interpeller, au milieu des humains de notre temps, notre monde bourgeois de consommation, et ce, tant à l'intérieur de l'Église que dans la société en général.

Personnellement je ne peux pas dire que j'ai souffert d'une situation de chômage ou de pauvreté extrême. Mais j'ai été mis en contact, dès mon plus jeune âge, avec des gens marginalisés dans notre société et j'ai été constamment mis en relation avec des personnes ayant été traitées d'une manière injuste. Cette sympathie pour les plus pauvres, elle fait partie de moi-même. Elle s'est enrichie par la fréquentation de la Parole de Dieu et les rencontres de personnes et de groupes, d'Amérique latine comme d'ici, qui m'ont permis de mieux comprendre ce qu'ils vivaient. Je n'ai jamais éprouvé de difficulté à voir comment la Parole de Dieu et l'action même de Jésus pouvaient être éclairantes pour les gestes d'un chrétien qui veut vivre sa foi. Cette identification avec les pauvres et les plus mal-pris dans notre société est, je n'en doute pas, voulue par Jésus et le sera jusqu'à la fin des temps.

Mgr Adolphe Proulx est décédé le 22 juillet 1987, d'une crise d'hypoglycémie. Le service funèbre a été célébré à la cathédrale Saint-Jean-Marie-Vianney de Gatineau, le 27 juillet 1987.

Deuxième partie

Les messages sociaux

Conférence de presse de Mgr Proulx et de Mgr Remi De Roo, le 1er mai 1984, pour la commission des Affaires sociales.

Les pauvres

Responsabilité syndicale face aux chômeurs

Dans son allocution aux Métallurgistes unis d'Amérique, réunis à Québec pour leur congrès canadien d'orientation (13 mai 1983), Monseigneur Proulx rappelle l'aide que les syndicats peuvent donner aux mouvements populaires.

Je voudrais ici profiter de l'occasion pour vous inciter à regarder de plus près le sort réservé aux chômeurs. Il y en a sûrement parmi vos confrères syndiqués ou les membres de votre famille.

L'une des principales tâches que devrait assurer le mouvement syndical dans son engagement renouvelé pour la justice sociale, me semble-t-il, devrait être l'aide aux chômeurs, qu'ils soient ex-membres de votre organisation ou non. Depuis plusieurs mois maintenant les coalitions de chômeurs se sont multipliées. Ces coalitions, pour la plupart locales, aident les chômeurs à résoudre leurs problèmes avec l'assurance-chômage et tentent de les regrouper pour éviter l'isolement, source de difficultés encore plus importantes.

Elles ont besoin de votre appui et pas seulement d'un appui financier. Si nous voulons mettre sur pied un mouvement social capable d'élaborer et d'articuler une plate-forme de revendications populaires susceptible de retenir l'attention de la population, le mouvement syndical doit s'ouvrir aux organisations populaires qui ont elles aussi une expérience de travail et de lutte. C'est là tout un défi mais je crois que vous devez essayer de le relever.

Lorsque nous avons lancé l'idée d'un mouvement social, nous n'avions pas l'intention, nous les évêques — et c'est toujours notre position — d'organiser un mouvement parallèle aux organisations populaires et syndicales en place. Bien au contraire. Nous avons invité les chrétiens à s'engager au niveau local tout en sachant que plusieurs militants chrétiens sont déjà très actifs dans les organisations populaires et syndicales. Notre idée était et demeure d'inviter les organisations syndicales et populaires à se rencontrer et à discuter de l'avenir comme vous l'avez fait au cours de ce congrès. Je crois que des discussions sont en cours dans la région de Montréal depuis quelques années. L'organisation de *La grande marche pour l'emploi* est une autre occasion de poursuivre de telles discussions.

Il faut qu'il y ait un partage des expériences, des points de vue et des analyses dans une démarche ouverte et orientée vers la recherche d'une société nouvelle, axée sur la dignité du travail humain et la satisfaction des besoins fondamentaux.

Le souffrant contribue à l'équilibre de l'humanité

Les aumôniers d'hôpitaux du Québec, réunis en congrès à Saint-Jérôme, ont demandé à Monseigneur Proulx de présider une de leurs célébrations eucharistiques. Voici des extraits de son homélie, prononcée le 13 septembre 1983.

Comme, dans le Corps mystique, les hommes et les femmes doivent compléter ce qui manque à la passion du Christ, le malade se voit confier une mission bien particulière à l'intérieur de l'Église. Dans un monde axé d'une manière absolue sur la production, le chrétien souffrant arrive un peu comme un hors d'oeuvre. Il est très souvent marginalisé. Votre ministère, plus que tout remède, doit con-

A l'écoute des pauvres

J'oserais dire que les pauvres nous évangélisent, nous les bourgeois que nous sommes. Je ne pense pas que je sois personnellement dans une très grande pauvreté, même si j'essaie de ne pas accumuler de biens.

Alors les vrais pauvres sont d'un grand intérêt pour moi, et j'ai très souvent découvert certaines dimensions de l'Évangile à leur contact, soit ici, soit en Amérique centrale. Par exemple des gens qui étaient inquiets parce qu'ils ne parvenaient pas à pardonner à ceux qui avaient fait disparaître un frère, une sœur ou des proches. Ils avaient souffert dans leur chair et cela m'avait beaucoup touché.

Et je vois des pauvres ici qui n'hésitent pas à partager le peu qu'ils ont avec d'autres pauvres: la nourriture, les vêtements, les jouets pour les enfants. C'est une illustration que les pauvres nous donnent du sens des mots comme partage, être frère, être solidaires les uns des autres.

(A l'émission radiophonique «Il fait toujours beau quelque part», 26 décembre 1985.)

tribuer à revaloriser le souffrant et le convaincre qu'il contribue à l'équilibre de l'humanité et à son salut.

Suivre le Christ doit rester l'idéal de tout chrétien. Un bon nombre ne comprennent pas que ceux et celles appelés à souffrir, par des maladies de toutes sortes, se situent dans la suite encore plus intime et plus intégrale de Jésus lui-même. Je me réjouis grandement, comme évêque, de voir avec quel intérêt et quel esprit de foi vous, et un si grand nombre de bénévoles, êtes anxieux d'être au service de ceux et de celles qui souffrent. Je me réjouis de voir des mouvements nouveaux qui ont pour mission d'apporter la présence salvatrice de Jésus auprès des malades. Cette attention nouvelle donnée à la mission des malades dans notre Église et dans notre société révèle une compréhension plus grande du rôle du malade dans le monde.

Votre rôle, même s'il est en priorité auprès des malades, ne doit pas s'y limiter. Vous êtes dans une institution hospitalière et vous devez faire corps avec le personnel qui s'y dévoue. La dimension pastorale que vous représentez et qui est généralement reconnue comme essentielle pour l'aide du malade doit rayonner sur toute la communauté hospitalière.

J'irais encore plus loin: à cause de votre compétence et de votre expérience auprès des malades, votre mission ne serait-elle pas de conscientiser le public de nos communautés ecclésiales sur le rôle des malades et sur l'importance de les soutenir par une présence aimante? Combien de vieillards sont abandonnés des leurs et combien, non seulement doivent souffrir dans leur corps, mais souffrent encore davantage dans leur âme! Combien de malades chroniques meurent plusieurs fois, avant de mourir dans leur corps, parce qu'ils sont relégués aux oubliettes par leur famille et par leur groupe d'appartenance! Je me rappelle ce que me disaient avec beaucoup d'émotion deux malades psychiatriques de Régina que j'ai rencontrés le printemps dernier: «Vous savez, me disaient-ils, nous sommes les derniers dans l'échelle sociale. Pour les gens du monde, nous arrivons bien en bas des assistés sociaux.»

Les chômeurs doivent se regrouper

Intervenant lors d'une assemblée publique du «Comité d'Ottawa sur le chômage», Mgr Proulx fait une déclaration sur la défense des chômeurs. Le quotidien Le Droit en publie des extraits dans son édition du 21 septembre 1983.

Le chômage deviendra une question politique importante et prise au sérieux par les politiciens le jour où des millions de chômeurs s'organiseront et se rallieront à leurs alliés du mouvement ouvrier, des groupes religieux et populaires.

Le défi est de taille, mais nous devons nous attaquer à la tâche et faire en sorte qu'une solidarité se tisse entre les plus démunis de notre société. Ils doivent se faire entendre. Il faudra une coalition des forces pour faire avancer les choses.

Pour les handicapés mentaux

Mgr Proulx vient à la défense du «Centre d'entraînement à la vie», une maison pour jeunes déficients mentaux que le Gouvernement s'apprête à fermer. Le Droit du 20 février 1985 résume ses propos.

Les parents des 99 déficients mentaux, jeunes, adolescents et adultes, « s'inquiètent peut-être de façon légitime» car il y a « des éléments» qui laissent croire à une fermeture éventuelle de cet unique centre de l'Outaouais, a affirmé l'évêque lors d'une conférence de presse hier. Plusieurs fermetures à travers le Québec sont prévues.

«Ces parents, explique Mgr Proulx, ont souffert de ne pouvoir garder leur enfant handicapé à la maison. Il y a des cas, des circonstances difficiles, presque impossibles à vivre, où il est parfaitement normal d'avoir choisi en dernier ressort la mise en institution. Ils sont maintenant considérés comme peureux pour la sécurité de leur enfant, comme un obstacle à son développement, ce qui m'apparaît injuste.»

Rien ne dit, poursuit l'évêque de Gatineau-Hull, que certaines politiques ou restrictions gouvernementales ne viendront pas obliger le conseil d'administration du Pavillon du Parc à redéfinir la vocation du CEV.

Mgr Proulx estime donc que ce centre doit demeurer «étant donné que c'est l'une des meilleures ressources qu'on a pu offrir à date à des personnes atteintes de déficiences graves, parfois multiples, qui composent en partie la clientèle, les habitants du CEV».

«En aucune façon, poursuit-il, ne doit-on diminuer les services actuels de cette institution, et si le déménagement du centre administratif doit provoquer une baisse dans la qualité et la quantité, créer un climat d'insécurité ou perturber le milieu de vie des résidents, «nous ne pouvons qu'exprimer notre désaccord».

Il faut se préoccuper des souffrants

Aux travailleurs de la santé réunis pour une fin de semaine de réflexion au Monastère d'Aylmer, Monseigneur Proulx s'adresse le 29 septembre 1985. Commentant le thème choisi, «Le cri du malade», il souligne les besoins profonds de ceux qui souffrent.

Sous bien des rapports, notre société de la fin du 20ᵉ siècle ressemble à la société du temps de Jésus. Le discours est peut-être différent mais la réalité ne peut nous tromper. On a mis sur pied des institutions très sophistiquées, avec des instruments les plus perfectionnés, mais on a souvent oublié celui ou celle pour qui ces biens auraient pu servir. On a voulu prolonger des vies humaines en recourant à des transplantations, à des coeurs artificiels, et dans des centres hospitaliers, on méprise en même temps cette même vie en recourant d'une manière massive à l'avortement. On veut donner le plus grand confort possible aux malades, mais en oubliant que la présence humaine est encore ce qu'il y a de plus précieux! Remarquez bien que je me réjouis de tout ce que l'esprit inventif de l'homme a réussi à donner à notre humanité si fragile — mais il ne faut pas, là non plus, que la technique devienne notre maîtresse. Malheureusement, c'est ce qui est souvent arrivé.

Puisse l'Esprit, qui a animé les sages tout au cours de l'histoire du peuple choisi dans l'Ancien Testament et de-

Aimer d'un amour efficace

Les gestes que nous posons doivent confirmer notre identification au Christ et à son enseignement, puisque nous sommes son Corps. C'est Jésus qui nous répète aujourd'hui: «Aimez-vous les uns les autres» et «Ce que vous ferez au plus petit parmi vous, c'est à moi que vous le faites». Dans un monde tourné vers l'efficacité, vers le succès matériel et le culte du plus fort, les Chevaliers de Colomb doivent traduire en actions concrètes cet enseignement de l'Évangile.

Mon invitation, qui est celle de Jésus, rejoint les objectifs des Chevaliers. Il est urgent que nous inventions des stratégies et que nous mettions sur pied des programmes orientés vers le mieux être des handicapés et vers les personnes du troisième âge. Ils et elles sont nos frères et nos soeurs, écrasés par une société tournée vers la promotion des plus forts. Nos argents et nos énergies devraient être tournés vers eux: foyers d'accueil, soins à domicile, camps de vacances, éducation, etc.

Nous n'avons pas le choix: si nous voulons rester fidèles au Grand Chevalier, notre frère Jésus, nous devons répondre à Son appel: aimer les plus faibles, les plus pauvres, d'un amour efficace.

Êtes-vous prêts?

(Allocution, non datée, à des Chevaliers de Colomb.)

puis la Pentecôte au sein de ce même peuple, contribuer à nous sensibiliser à ce cri du malade et à notre désir d'y répondre d'une manière chrétienne. Le respect pour le malade veut dire être capable de l'écouter et de l'assurer d'une présence chaleureuse. L'exemple que nous donne Mère Teresa quand il s'agit de malades sur le seuil de la mort devrait nous être une leçon salutaire. Combien de mourants, même dans nos hôpitaux les plus perfectionnés et les plus aseptisés, meurent seuls. Combien de malades pourraient, si nous en prenions les moyens, recevoir des soins plus adéquats et une présence plus attentive dans leur propre foyer.

Ne pas harceler les assistés sociaux

Dans une interview au journal La Presse *de Montréal, parue le 13 juin 1986, Mgr Proulx dénonce les visites de vérification des fonctionnaires provinciaux auprès des assistés sociaux.*

Les assistés sociaux sont déjà des citoyens humiliés qu'on n'a pas décemment le droit de blâmer, de harceler et sur lesquels faire enquête avec des méthodes quasi policières.

Faire cela aux assistés sociaux, c'est ajouter l'injure à l'humiliation; c'est un abus de pouvoir contre des citoyens qui n'ont pratiquement pas de moyens de défense; c'est utiliser des moyens de pression et des méthodes d'enquête qu'on n'oserait jamais utiliser massivement contre les nantis et les grandes corporations.

Les soupes populaires se multiplient et accueillent de plus en plus de gens. Et pas seulement des vieillards et des chômeurs de tous les âges... Même des enfants et des écoliers se présentent maintenant nombreux aux soupes populaires.

Il nous semble qu'il est périlleux, dans un tel contexte, de blâmer officiellement les assistés sociaux et d'ajouter l'injure à leurs humiliations quotidiennes.

La situation des pauvres s'aggrave

A l'émission «Dialogue» du 22 juin 1986, à la radio de Radio-Canada, Mgr Proulx souligne les conditions de vie difficile des assistés sociaux, une condition qui ne cesse de s'aggraver.

Il y a des anomalies dans notre système. Les ministres des divers gouvernements, l'un après l'autre, nous disent qu'il y a une reprise économique. C'est évident, disent-ils, le taux de productivité augmente, le produit national brut, etc.

Mais ceci ne semble pas se traduire dans une augmentation des emplois; les chômeurs et les chômeuses ne diminuent pas tellement. Et le niveau de pauvreté continue de se détériorer dans bien des cas.

On a parlé de nos «filets de sécurité», en faisant allusion à l'assurance chômage, au bien-être social, aux allocations familiales. Eh bien, on semble vouloir gruger de plus en plus dans ces filets de sécurité, qui ne sont plus aussi sécuritaires qu'ils semblaient l'être.

Nos ministres parlent d'un nouvel ordre économique, d'un nouvel ordre social... Je pense qu'il y a des failles dans notre système, un certain désordre dans notre économie qui affecte la situation sociale, le vécu des gens.

On constate une augmentation constante du nombre des pauvres, une dégradation des conditions de vie de ceux et celles qui sont sur l'assistance sociale. Les hausses des loyers, etc., n'ont pas suivi l'indice d'inflation, et cela affecte tout le monde, y compris les assistés sociaux.

Nos frères et soeurs, les réfugiés

Suite à l'entrée au pays de réfugiés par des moyens illégaux, au début de 1987, le gouvernement fédéral annonçait des changements dans la politique d'accueil du Canada. Monseigneur Proulx réagit ainsi dans un communiqué daté du 15 avril 1987, dont voici des extraits.

L'annonce de mesures restrictives face aux réfugiés, et même d'une nouvelle loi à être présentée à la Chambre des Communes, interpellent les disciples de Jésus que nous sommes. Comme Mgr Bernard Hubert l'écrivait si bien, le 26 février dernier, le Canada risque de perdre sa bonne réputation de pays d'accueil.

Il y a plusieurs textes de l'Écriture qui peuvent nous interpeller quand il s'agit d'ouvrir notre coeur et notre pays à ceux et celles qui ont tout perdu! Les milliers de réfugiés entassés dans des camps en Extrême-Orient, en Palestine, dans les pays latino-américains, sollicitent notre attention. L'évangile de Matthieu (25, 31 ss.) trouve une application moderne dans le tragique destin des réfugiés: «Car j'ai eu faim et vous m'avez donné à manger; j'ai eu soif et vous m'avez donné à boire; j'étais un étranger et vous m'avez recueilli...»

Nous croyons qu'il est du devoir de tous les disciples de Jésus d'intervenir auprès de nos gouvernements pour qu'ils soient plus conscients de leurs responsabilités. J'ai eu honte du discours de certains de nos ministres qui, sous prétexte de nous protéger, rejettent les demandes souvent angoissées des réfugiés.

Intégrer aux soins des malades la dimension fraternelle

L'Association catholique canadienne de la santé tenait son congrès à Hull, le 21 mai 1987. Monseigneur Proulx, s'inspirant de textes de Paul et Jean (1 Corinthiens, 12, 12-30 et Jean 9, 1-41) prononce ces quelques mots.

Saint Paul, dans sa première épître aux Corinthiens, met directement en cause les travailleurs et les travailleuses de la santé en leur parlant de l'Église comme d'un corps. Ce qu'il dit ne se limite pas seulement à l'institution qu'est l'Église, mais elle enveloppe tous les organismes qui veulent se consacrer au bien-être des malades.

Comment peut-on croire qu'il est possible de mettre en oeuvre, de «soigner, soulager, servir», si on n'est pas imbu de l'importance de l'équilibre dans le corps humain? C'est vrai pour le corps physique comme pour le corps social. Cette attention et cet idéal proposés par Paul doivent devenir l'ambition de tous ceux et de toutes celles qui sont préoccupés par la santé de leurs frères et soeurs.

Il y a constamment dans notre monde la tentation de ne pas retenir les valeurs essentielles, de nous laisser distraire par des théories nouvelles. Il n'y a pas si longtemps, on attribuait les infirmités physiques, comme la cécité, à des fautes personnelles ou à des fautes héritées des ancêtres. Le texte de l'évangile de saint Jean nous le rappelle d'une manière convaincante. La croyance du peuple, c'était qu'il devait y avoir un coupable à quelque part — comme si la maladie, ou l'infirmité, ne pouvait pas être une des conséquences de notre fragilité humaine.

Les Écritures nous sont données pour notre éclairage personnel et communautaire. Pourrions-nous faire des adaptations, actualiser l'enseignement donné par Paul et par Jésus? Est-ce que le corps social dans lequel nous nous trouvons, au Canada, respecte chacune de ses parties? Est-ce que nous sommes enclins à négliger certaines parties de ce corps, parce qu'il ne contrôle pas les budgets et qu'il est trop marginal pour que ça vaille la peine de s'en occuper? Jusqu'à quel point consacrons-nous du temps et de l'argent pour permettre que se développent des moyens appropriés — qui ne sont pas nécessairement concentrés dans l'institution hospitalière — pour permettre aux corps des plus faibles d'être en santé?

Je ne sais pas si la scène de l'évangile vous a fait penser à ce qui s'est passé récemment au Canada et aux États-Unis concernant le sida? L'espèce de panique qui a frappé tant de nos concitoyens et concitoyennes, l'espèce d'opprobre qui s'est attachée à ceux qui ont été les premières victimes de cette maladie, ne ressemblent-elles pas à la panique touchant la présence des lépreux, autrefois, et le jugement qui s'est fait sur l'aveugle de l'évangile? Nous sommes tous invités à nous convertir — à sortir de notre tendance à juger et à découvrir le coupable.

Éveiller, parfois bousculer ...

«Dans son diocèse, l'évêque a pour mission d'éveiller, parfois de bousculer et souvent de choquer.»

Ces propos qu'il tenait devant un club social de Thurso, en 1976, sont toujours dans la bouche de l'évêque de Hull. Parce que c'est dans son tempérament et qu'il peut difficilement se taire devant une injustice, Mgr Adolphe Proulx s'est bâti une réputation provinciale, voire nationale, de défenseur des opprimés, des plus démunis, des sans-parole.

Son rôle au sein de la Conférence des évêques catholiques du Canada en a fait un leader spirituel des plus écoutés et des plus respectés. Il est de tous les combats, sur presque tous les fronts, là où la justice est niée, dans son diocèse comme en Amérique latine.

Sa mission, croit-il, s'étend bien au-delà des quatre murs du Centre diocésain et des 60 paroisses de Hull et Gatineau. «Si d'autres parlent moins fort et avec moins d'éclat, ça ne veut pas dire qu'ils pensent autrement. Moi, c'est dans mon tempérament. Je me révolte devant les injustices. Ça se peut que je dise les choses gauchement et que je blesse des personnes.»

Certains en effet prisent peu le comportement d'un religieux, qui plus est d'un évêque, qui prend position en faveur des grévistes, qui qualifie les membres de la junte militaire salvadorienne de «terroristes et d'agresseurs», qui dénonce les essais des missiles Cruise ou critique ouvertement la politique économique des dirigeants du pays.

Les auteurs des lettres anonymes qu'il reçoit préféreraient voir son action limitée au niveau spirituel, à l'intérieur de son diocèse, presque muselé et les yeux fermés sur ce qui se passe autour de lui.

«Ces lettres, qui ne sont d'ailleurs jamais signées, offrent une vision opposée à la mienne», a souligné Mgr Proulx, qui pense que les évêques et les pasteurs ont un rôle social et politique à jouer.«Nous essayons d'interpeller pour dénoncer des injustices, des oppressions et des attitudes et cela crée parfois de la confusion», de poursuivre le prélat en rappelant le débat épique qui a entouré la parution du document des évêques canadiens sur la situation économique.

«Nous ne voulons pas être les partisans d'une politique. Nous nions qu'il y ait seulement deux choix, le marxisme et le capitalisme. Si nous étions en pays marxiste, nous critiquerions devant les victimes qu'un tel système crée.

«Cependant, l'homme est un animal politique et si on ne dit rien, on appuie. Le pape lui-même fait de la politique en critiquant tous les régimes politiques, en parlant du chômage, et ce au nom de l'Évangile. Le Christ lui-même a privilégié les pauvres et les marginaux.»

(Entrevue accordée à France Pilon, du quotidien *Le Droit*, 29 avril 1983.)

Mgr Proulx prononçant une conférence au Congrès du travail du Canada, à Ottawa, en mars 1983.

Les travailleurs

Une Église solidaire des travailleurs

Monseigneur Proulx passe la journée du 21 décembre 1974 avec les travailleurs du moulin à papier de Masson, en grève depuis deux mois. Dans son homélie, il souligne l'harmonie qui existe entre l'enseignement évangélique et les luttes pour une plus grande justice.

Ayant fait l'apprentissage de la solidarité ouvrière, des hommes ont décidé d'aller en grève pour obtenir de meilleures conditions de travail. Un grand nombre de fidèles, subissant les pressions les plus variées, mettent en doute la légitimité du syndicalisme et condamnent, sans nuance, toutes les actions syndicales qui perturbent l'ordre social établi. Ceux qui pensent ainsi et qui parlent dans ce sens ne sont pas au courant de l'enseignement de l'Église qui ne fait que prolonger l'essentiel du message de Jésus.

Dans notre province, à peine 30% des travailleurs sont syndiqués. Il ne pourra pas y avoir de véritable ordre social juste à moins d'en arriver à un équilibre plus évident entre ceux qui développent nos ressources en contribuant de leurs énergies physiques et ceux qui les exploitent. L'Église ne propose pas la lutte violente entre les classes, mais l'Église condamne, comme le Christ l'a fait, l'exploitation de l'homme par l'homme! Or cette exploitation est aujourd'hui entrée si profondément dans nos moeurs que nous n'avons plus le courage souvent de la constater!

Voilà pourquoi, mes frères qui souffrez pour la justice, l'Église de Hull veut se montrer solidaire de votre lutte; et, par vous, solidaires de tous les travailleurs qui sont victimes d'une société toute orientée vers le profit, une société où les gros possédants n'ont pas à faire la grève pour continuer d'augmenter leurs pouvoirs et leurs projets!

Mes voeux pour vous tous en ce dimanche qui précède Noël, c'est que vous deveniez davantage conscients de votre dignité d'hommes, frères de Jésus; que vous poursuiviez votre combat pour la justice et votre droit à participer à la construction d'une société plus juste; que vous participiez à la vie de votre syndicat pour qu'il devienne pour vous et pour notre société un instrument positif de changement social. L'Église, par mon humble ministère, veut rappeler à tous les «hommes de bonne volonté» qu'elle se place carrément du côté de l'exploité, comme Jésus est d'abord allé vers les «sans voix» et les faibles de son temps. L'Église regrette des situations de conflits, comme celui que vous vivez présentement, mais elle reconnaît que ces dures épreuves sont parfois les seuls moyens mis à votre disposition pour rendre plus digne votre condition de travailleur!

Le Gouvernement et les travailleurs

En avril 1976, on est au plus chaud de la lutte entre le Gouvernement du Québec et le «Front commun inter-syndical». Une entrevue de Mgr Proulx avec Pierre Bergeron, rédacteur au quotidien Le Droit, *suscita des remous en certains milieux. Voici un extrait de ce texte publié le 1er mai 1976.*

Dans une critique non équivoque de la politique du gouvernement québécois face au Front commun intersyndical, Mgr Adolphe Proulx, évêque de Hull, soutient que cette façon d'enlever des droits acquis par une loi spéciale est «un moyen détourné de retirer d'une main ce qu'on a donné d'une autre».

«J'aurais souhaité que le gouvernement ne légifère pas dans ce sens», a-t-il déclaré hier, lors d'une entrevue à l'occasion du 1er mai, fête des travailleurs.

Mgr Proulx est d'avis qu'il y aurait eu moyen d'éviter toutes sortes de désordres sociaux et il en rejette le tort sur l'État employeur et législateur: «On est en train de négocier des contrats échus depuis un an dans la fonction publique québécoise, a-t-il ajouté, alors que dans l'industrie privée, jamais une telle chose ne se serait produite.»

D'autre part, l'évêque de Hull croit que, du côté syndical, il y a souvent «confusion entre les objectifs à atteindre pour le bien de leurs syndiqués et la contestation du pouvoir public». Selon lui, on s'est servi à certaines occasions du levier syndical à des fins autres que celles du bien des travailleurs.

Quant à la violation ouverte de la loi 23, Mgr Proulx trouve que l'on blâme trop facilement le Front commun alors que certaines multinationales sont souvent en violation ouverte des lois. Il souligne particulièrement le cas des compagnies d'amiante qu'il a d'ailleurs dénoncées publiquement en appuyant les grévistes de la région de Thetford-les-mines en mai 1975.

«Le gouvernement qui semble si fort devant les travailleurs est très faible devant les grandes compagnies multinationales», d'ajouter l'évêque de Hull.

Il soutient de plus que les moyens de pression des syndicats sont très limités face à un gouvernement «lent, négligent et fuyant dans le règlement de problèmes concrets». C'est pourquoi la solidarité dont fait preuve le Front commun est essentiellement sa seule force.

Appui aux travailleurs

Entrevue donnée à «Dialogue», à la radio de Radio-Canada, le 9 mai 1976. Jean Deschamps interviewe Mgr Proulx sur la prise de position des évêques du Québec dans le conflit qui oppose le Gouvernement au «Front commun» des travailleurs des hôpitaux et des enseignants.

Pour moi, ce mouvement du Gouvernement (passer une loi spéciale) est une fuite en arrière. Ces programmes qui ont été imposés, pour moi c'est encore la protection d'un certain pouvoir, d'un certain statu quo. On ne veut pas faire des programmes qui corrigeraient autrement la situation que par des sanctions imposées pratiquement aux seuls travailleurs.

Ce que je crains, c'est que, à la suite de ces longues pseudo-négociations (en laissant pourrir la situation jusqu'à ce que tout devienne inacceptable), on en arrive à détruire la réputation de tout un secteur du monde des travailleurs, ceux des hôpitaux, ceux de l'enseignement, qui auraient moins de vertu apparemment... On voudrait que la vertu, celle de renoncement, celle de zèle, soit pratiquée uniquement par un secteur de la population, celui des travailleurs.

L'humain est plus grand que la machine

Dans une allocution prononcée à deux reprises (le 8 octobre 1982, déjeuner-causerie à l'Association des économistes québécois; le 24 mars 1983, à l'Association de placement universitaire collégial du Mont-Royal), Monseigneur Proulx parle des changements technologiques et des risques qu'ils comportent.

A côté de l'enthousiasme et de l'admiration suscitées par les progrès réels, l'homme de notre temps a peur. Il se sent menacé par ce qu'il fabrique, par le résultat du travail de ses mains et de son intellignce. Il craint que ces productions, si puissantes et si belles, deviennent plus fortes que lui, le contrôlent et finalement le détruisent!

Un exemple peut nous être donné par la nature elle-même. Suite à la prolifération des multi-nationales de plus en plus puissantes, nous pouvons les comparer aux dinosaures qui ont déjà habité cette terre. Elles sont devenues tellement grosses, ces bêtes, qu'elles ont fini par être écrasées par leur propre poids. Mais avant d'en arriver là, elles ont dû, pour se nourrir, faire disparaître une multitude de bêtes plus petites. Si l'homme actuel veut retrouver un certain équilibre et mettre en premier ce qui devrait être en premier, il doit avoir l'honnêteté et la capacité de se poser des questions sur le pourquoi des choses — plutôt que sur le comment. Ainsi pourra-t-il peut-être passer du savoir à la sagesse. Face à l'évolution de notre monde, les questions fondamentales se posent de plus en plus: Qu'est-ce que l'homme? Pourquoi existe-t-il? Pourquoi est-il situé dans cet univers? Quelle est la raison d'être de cet univers? D'où

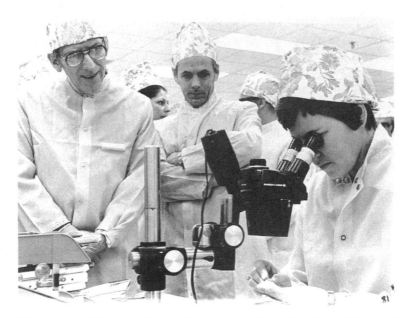

Monseigneur Proulx visite les laboratoires de la Northern Telecom à Aylmer, en 1981.

vient la puissance créatrice et inventive de l'homme? Pourquoi existe-t-elle en lui? Et que signifient la souffrance, le mal, la misère, la mort qui subsistent malgré tant de progrès?

En m'écoutant, vous avez peut-être le sentiment que je fais un plaidoyer pour un retour en arrière — une espèce de refus des immenses progrès réalisés par l'homme dans notre ère post-industrielle. Ce serait une erreur de me traduire ainsi car l'homme, vu le prolongement normal de sa capacité, de la capacité de sa main, a créé l'outil qui a décuplé le potentiel de cette main. Comme Henri Bergson l'a écrit: «L'intelligence, envisagée dans ce qui paraît être sa démarche originelle, est la faculté de fabriquer des outils, et d'en varier indéfiniment la fabrication. Si le corps de l'homme est devenu immense, par le développement quasi illimité de la technique, il doit être animé par une «âme élargie». C'est un peu ce que nous disent les jeunes désabusés par les travers de notre société — et ils seront, si nous le leur permettons, des agents de renouveau — car ce corps neuf que nous avons édifié et que nous continuons à édifier doit avoir une âme nouvelle, une âme élargie — qui laissera jaillir des énergies puissantes: la force du vouloir, la passion de l'homme et de son devenir. On a parlé d'une culture nouvelle — mais cette culture nouvelle, si elle veut être véritable civilisation, devra s'alimenter à la Source qui, pour nous chrétiens, est le Christ lui-même. Car c'est Jésus de Nazareth qui pose les questions fondamentales sur le sens même et l'orientation de tout notre effort technique: «M'avez-vous donné à manger quand j'avais faim? A boire quand j'avais soif? Vêtu quand j'étais nu? Soigné quand j'étais malade? Ce que vous faites au plus petit d'entre les miens, c'est à moi que vous le faites» (Matthieu, 25,40).

La grève dans les hôpitaux

Même en solidarité avec les travailleurs, Mgr Proulx n'accepte pas que des pauvres et des malades soient les plus grandes victimes d'une grève des employés d'hôpitaux. Voici le texte intégral d'un communiqué remis aux journaux et aux postes de télévision, le 1ᵉʳ février 1983.

Les évêques du Canada et les évêques du Québec, dans plusieurs déclarations concernant le traitement fait aux plus faibles et aux démunis, ont répété souvent et dans différents contextes que l'Église ne pouvait pas, si elle est fidèle à l'Évangile, se désintéresser de leur sort.

Au contraire, elle doit constamment rappeler à tous nos devoirs et nos responsabilités envers ceux et celles qui dépendent complètement des autres pour leur bien-être. C'est pourquoi, comme évêque de Gatineau-Hull, je déplore vivement cette grève illégale et illimitée qui se prépare dans les établissements de santé et dans les Centres d'accueil de tout le Québec. Nous voulons être solidaires de ceux et de celles qui souffrent et qui sont les plus démunis de notre société. Je ne peux pas voir comment des travailleurs peuvent espérer améliorer leur condition en ne tenant pas compte du sort que leur action réserve aux plus démunis.

C'est pourquoi je souhaite vivement que les travailleurs dans les établissements de santé résistent au mot d'ordre donné par leur Centrale et qu'ils n'hésitent pas à franchir les lignes de piquetage pour secourir ceux et celles qui sont malades. Je souhaite aussi que les grévistes laissent les travailleurs et travailleuses bénévoles franchir leur ligne de piquetage pour assurer que les malades auront l'aide et le réconfort nécessaires durant ces heures difficiles.

Enfin, je souhaite vivement que les gouvernements et les syndicats de même que des hommes et des femmes de bonne volonté s'efforcent de découvrir des moyens inusités de régler les conditions de travail dans les établissement de santé sans recourir à la grève, même légale, qui, jusqu'à maintenant, s'est faite sur le dos des plus faibles et des plus démunis.

La plaie du chômage

Mgr Proulx a beaucoup misé sur la Grande Marche pour l'emploi (28 mai 1983) pour sensibiliser la population aux misères engendrées par le chômage, surtout chez les jeunes. Murray Maltais, du quotidien Le Droit *(29 avril 1983), résume l'entrevue.*

Mgr Proulx a indiqué que si l'Outaouais québécois semblait moins atteint par la crise en raison de la présence de la Fonction publique fédérale, la situation ne devait pas laisser les gens d'ici ignorer ce qui se passe chez eux.

«Il y a tout de même un fort pourcentage de chômage, surtout chez les jeunes, qui doivent subsister avec 144$ par mois», a dit l'évêque de Gatineau-Hull. Les gens sont-ils vraiment sensibilisés à la crise? S'ils ont accompli quelque progrès en ce sens, il leur reste tout de même du chemin à parcourir, a estimé le prélat.

Il a notamment regretté les «jugements faciles» que nombre de bien nantis portent sur les assistés sociaux, rapprochant ces jugements de l'inconscience. Nous vivons actuellement une crise de société, même de civilisation: les valeurs qu'elle propose sont-elles essentielles? Il faut s'interroger à ce sujet.

Dans le contexte économique actuel, le Canada se voit le plus mal pris et a adopté un comportement surprenant, a dit Mgr Proulx, lorsqu'on considère toutes nos richesses. «Il y a quatre ou cinq ans, les gouvernements auraient dû prévoir ce qui surviendrait.»

Les syndicats

Entrevue donné à «Présent», à la radio de Radio-Canada, le 1ᵉʳ mai 1986. Gilles Léveillé interviewe Mgr Proulx à propos du document des évêques «L'appui aux syndicats, une responsabilité chrétienne».

On ne peut pas dire, bien sûr, que les syndicats se classent parmi les faibles et les démunis de notre société.

Quand les évêques prennent leur défense, c'est en conformité avec l'enseignement social de l'Église. Et cette défense s'impose. En partie à cause de l'impression laissée par un certain nombre de syndicats, et aussi par l'action des médias, plusieurs ont l'impression que les syndicats sont à craindre, qu'ils sont tout-puissants et dangereux. Certains les blâment pour la crise économique que nous avons traversée et que nous sommes encore en train de vivre.

Mais les nombreuses mises à pied, que l'on constate actuellement dans la Fonction publique et les autres employeurs, affectent habituellement les plus pauvres, ceux et celles qui sont au bas de l'échelle.

Dans le Document des évêques, on ne blanchit pas totalement les syndicats, mais on souligne la tentation très grande de jeter le blâme sur les plus pauvres, les plus fragiles. Les vrais problèmes, les vrais responsables de la crise économique ne sont pas d'abord les syndicats.

Prenons, par exemple, le déficit budgétaire. On devrait tenir compte davantage des corporations qui reçoivent constamment des subsides immenses, même quand elles n'en ont pas besoin, et qui bénéficient de dégrèvements d'impôts. Il y a également, à l'intérieur de notre société, des individus qui gagnent des salaires très élevés et qui, tout en observant les lois, ne paient pratiquement pas d'impôts. Il devrait donc y avoir des changements (dans la répartition du fardeau fiscal).

Nous invitons également les syndicats, de leur côté, à être davantage conscients qu'ils ont à travailler à une plus grande justice, à l'intérieur du pays comme au plan mondial, en pensant aux pays sous-développés.

Notre document n'est donc une attaque contre personne, mais plutôt un appui positif pour un meilleur équilibre dansnotre société.

Accueillir le Rédempteur, c'est lutter pour la justice

Le temps de crise est aussi un temps d'orientation et de décision. On ne doit pas écarter un secteur ou l'autre de la prise de parole et de l'échange qui doivent aboutir à des orientations. Le Christ Rédempteur veut sauver l'homme d'aujourd'hui là où il se trouve. Il veut aussi qu'il y ait une ouverture plus grande de la part de tous les groupes de chrétiens concernés pour qu'on arrive à découvrir des solutions plus justes et plus respectueuses de la dignité de l'homme.

Le pape dit, dans la bulle d'indiction de l'année jubilaire de la Rédemption: «Les chrétiens croient que la Rédemption est l'exaltation suprême de l'homme puisqu'elle l'a fait mourir au péché pour le rendre participant de la vie même de Dieu.» Lorsque le pape parle du péché, il inclut le péché personnel sans doute mais aussi les péchés sociaux. Et dans notre société, ces péchés sont la cause d'injustice, de blessure, de spoliation de droits élémentaires.

Comme évêque du diocèse de Gatineau-Hull, je souhaite vivement qu'il y ait de la part de tous les groupes sociaux un désir de répondre à l'invitation faite par le pape Jean-Paul II, en ouvrant cette porte au Rédempteur dans des attitudes qui accueilleraient mieux les souffrances et les exigences de ceux et celles qui sont les vitimes de la crise.

(Conférence donnée les 14, 20 et 26 avril 1983, au Club Richelieu d'Ottawa, à l'Institut d'administration publique du Canada et aux membres de la Chambre de commerce de l'Outaouais.)

Mgr Proulx s'adresse à un groupe d'étudiants et d'étudiantes de l'Université d'Ottawa, en 1983.

Les jeunes

Un projet éducatif imprégné des valeurs chrétiennes

A l'occasion de leur congrès à Sainte-Adèle (Mont-Gabriel), les 12 et 13 octobre 1974, les cadres scolaires de l'Outaouais ont invité Monseigneur Proulx à leur adresser la parole. Il en profite pour affirmer sa foi en l'importance d'une éducation chrétienne de qualité.

Il est important que l'apprentissage chrétien soit enseigné à chaque niveau du cheminement scolaire par des professeurs compétents. Il est important d'avoir des programmes clairs, structurés, pour permettre aux professeurs de remplir leurs tâches. Je dirais qu'il est aussi important que les objectifs et les projets éducatifs soient imprégnés des valeurs chrétiennes authentiques. Que le Christ apparaisse comme Celui qui nous sauve et nous libère totalement à travers l'activité éducative.

J'ai vécu dans une province où l'école chrétienne ne revêtait pas une importance spéciale aux yeux des législateurs. On a voulu suppléer à la carence causée par l'absence de tout enseignement chrétien en formulant des programmes entièrement centrés sur une espèce d'éthique morale. On s'est vite rendu compte qu'une échelle de valeurs, sans référence à un enracinement théologique, tombe pratiquement à vide.

Une école transformée en «supermarché des connaissances», comme c'est malheureusement la tendance dans une société de consommation, n'accomplirait pas sa mission éducatrice. Elle contribuerait à désabuser totalement les jeunes et créerait une société sans âme et sans idéal.

Le défi, pour vous tous, est donc gigantesque. La société de demain, de même que l'Église comme peuple de Dieu, signe du salut du monde, dépendent du sérieux et de l'effort avec lesquels vous continuerez à travailler.

Les jeunes, victimes de la crise

Dans une allocution à l'Association des économistes québécois, Mgr Proulx souligne les problèmes humains causés par l'actuelle crise économique, en particulier auprès des jeunes. Manon Raîche résume cette intervention dans le quotidien Le Droit *du 9 octobre 1982.*

Selon l'évêque du diocèse de Gatineau-Hull, Mgr Adolphe Proulx, les jeunes, plus que les adultes, sont confrontés aux problèmes soulevés par la crise économique et ils en sont les premières victimes.

Il a dénoncé les sacrifices qu'endurent cette génération de tavailleurs, plus touchés que les autres.

«La crise économique actuelle présente un éventail de couleurs déprimantes au plus haut point et peut provoquer les plus sombres prédictions pour l'avenir de notre société», a déclaré Mgr Proulx, espérant que cette crise ne devienne pas une sorte de «suicide collectif» .

«Nous avons, à plusieurs reprises dans le passé, même avant la crise actuelle, comme évêques du Canada et du Québec, insisté pour que nos preneurs de décision à tous les niveaux soient davantage conscients de l'aspect humain du développement et qu'il soient capables de dépassser les nouveaux dogmes qui visent à accentuer le rendement des investissements et la croissance des corporations anonymes.»

Selon l'évêque de Hull, le dépannage de la compagnie Dome Petroleum apparaît comme une suite logique à l'accent mis par notre société sur des projets qui asservissent l'homme plutôt que de contribuer à son épanouissement.

Messagers d'amour fraternel

Le message que Jésus apporte aux hommes de la terre à Noël s'adresse à toutes les situations humaines, à tous les âges mais particulièrement à ceux et celles qui se sont engagés à rendre un témoignage plus évident. Je pense que les Guides entrent dans cette catégorie.

Votre engagement dans un mouvement qui se veut fraternel rencontre la pensée même de Jésus, Fils de Dieu, qui accepte de devenir notre Frère dans la race humaine. C'est de lui que nous vient la meilleure définition de ce qu'est l'amour fraternel. Il en a parlé mais, surtout, il a vécu son message. En se préoccupant d'abord des petits, des pauvres, des malades, il a montré que l'amour fraternel dépasse toutes les barrières mais qu'il se réalise surtout dans le souci de celui qui est le plus démuni.

Mon vœu de Noël pour vous, c'est que l'apprentissage que vous vivez de la véritable fraternité s'intensifie et pousse dans vos coeurs des racines aussi profondes que la vie.

Puisse Jésus qui vient à Noël vous apporter sa paix et son amour toujours!

(Message aux Guides du diocèse de Gatineau-Hull, le 19 décembre 1975.)

«Est-il plus important d'investir des milliards de dollars pour sauver des dinosaures comme Dome Petroleum ou continuer à offrir des services sociaux», a interrogé Mgr Proulx, faisant allusion aux récentes rumeurs de coupures dans les régimes d'aide sociale qui seraient effectuées par le gouvernement fédéral.

Des coupures dans les différents régimes d'aide sociale pourraient provoquer un danger encore plus grand pour la société, celui de cataloguer la population, a expliqué l'évêque de Gatineau-Hull.

«De telles coupures peuvent affecter la dignité humaine; on s'introduit dans la vie privée des individus et on les classe selon leurs revenus», a exposé le prélat de Gatineau-Hull.

Pour Mgr Proulx, la solution ne se trouve pas dans un retour en arrière, mais bien en rétablissant les vraies valeurs, axées sur l'homme.

«La crise peut devenir une occasion unique de réflexion, pour réviser nos priorités, de mesurer notre échelle de valeurs, de voir si notre société n'est pas radicalement à remettre en question», a conclu Mgr Proulx.

Les choix des jeunes influencent notre avenir

Alors que Monseigneur Proulx en était le président, le Comité des affaires sociales de l'Assemblée des évêques du Québec publia, le 10 septembre 1982, un texte intitulé «Les jeunes et la crise». Dans une allocution qu'il donna à deux reprises (le 8 octobre 1982, déjeuner-causerie à l'Association des économistes québécois; le 24 mars 1983, à l'Association de placement universitaire collégial du Mont-Royal), Monseigneur Proulx met en relief le rôle des jeunes dans la construction d'une société meilleure.

Dans notre lettre, nous écrivions que des jeunes, dans différentes régions du Québec, s'étaient pris en main, très souvent en prenant leur distance devant les structures officielles qui ne réussissaient pas à leur redonner une certaine dignité. Ces jeunes «redécouvrent une certaine sobriété et refusent la société de consommation. Ils vivent des expériences de partage et de gratuité, s'intéressent aux coopératives, animent les centres urbains, se lancent dans de nouvelles entreprises… Forts de leur expérience, ils mettent en question les priorités des sociétés. Ils enfantent peut-être un monde nouveau… » (n° 14).

En écrivant cette lettre, nous avons pensé qu'une crise pouvait devenir aussi un temps providentiel de choix, vu la montée d'une certaine conscience vis-à-vis le respect qu'on doit à la nature, particulièrement en ce qui concerne la lutte à la pollution, à la récupération de ce qui peut être encore utile et utilisable… Les adultes que nous sommes doivent poser des gestes de support et d'encouragement aux jeunes qui questionnent nos façons de vivre, de consommer, de gérer les biens qui nous sont confiés. Les mécanismes de relance économique ne doivent pas nécessairement emprunter les schèmes chers à notre société de consommation. L'individualisme d'une société axée sur le confort matériel doit faire place à une nouvelle solidarité qui n'écarte pas les plus faibles dans les choix qui les concernent.

Est-ce que les jeunes peuvent dépasser la crise actuelle?

Monseigneur Proulx commente le même texte en ces mots, datés du 8 mai 1983.

Les événements qui affectent présentement notre société sont, en quelque sorte, le résultat d'orientations déficientes. La course effrénée au confort, la recherche d'un niveau de vie de plus en plus élevé, le changement radical des valeurs, les erreurs des gouvernements, peuvent nous avoir conduit à ce cul-de-sac.

Nous avons, au cours de ce message, parlé d'une lueur d'espérance et nous avons cité des cas où des jeunes, épaulés par des frères et soeurs plus âgés, ont décidé de faire face à ce drame et de ne pas se laisser détruire. Je pense que les jeunes, à tous les niveaux, qu'ils soient étudiants ou déjà sur le marché du travail, doivent résolument regarder avec des yeux neufs le monde actuel et tout ce qui entoure ce monde. Ils ne doivent pas hésiter à remettre en cause les tendances de notre société de consommation. Ils doivent retrouver les valeurs réelles qui sont à la base du bonheur de l'homme et ne pas se laisser tromper par tout ce qui invite à la facilité et à des bonheurs frelatés. Les jeunes peuvent davantage accepter d'être les initiateurs d'une orientation plus humaine de notre société et viser à une solidarité plus grande avec les marginaux et les laissés-pour-compte.

Comme premières victimes de la crise actuelle et premiers artisans d'un monde nouveau à bâtir, les jeunes sont appelés à apporter leur contribution à la critique de notre société. Cette critique devra déboucher sur des avenues différentes de celles que nous connaissons présentement et mettre en lumière les valeurs essentielles de la destinée humaine.

Comme chrétiens, nous devrons constamment garder présent à nos yeux la vision de la dignité fondamentale de l'homme créé à l'image de Dieu. L'homme doit être capable de participer à la construction d'un monde plus juste et plus heureux par son travail et sa créativité. Les jeunes sont appelés à participer à cette reprise du projet humain en y injectant le dynamisme propre à leur âge. Ainsi pourront-ils dépasser la crise actuelle et relever le défi de notre âge.

Les jeunes sont mis sur une tablette

Lors d'une conférence aux étudiants du CEGEP de l'Outaouais, Mgr Proulx souligne que les jeunes sont les premières victimes d'une économie mal orientée. Le quotidien Le Droit résume ainsi ses propos dans son édition du 14 février 1985.

L'évêque du diocèse de Gatineau-Hull, Mgr Adolphe Proulx, trouve «injuste, immoral et scandaleux» le sort fait aux pauvres, assistés sociaux et jeunes d'ici et d'ailleurs.

Mgr Proulx ne s'explique absolument pas, par exemple, comment on peut justifier qu'un assisté social de moins de 30 ans reçoive le tiers des prestations versées aux plus âgés.

Il «comprend aussi difficilement comment des personnes gagnant un salaire annuel de 200 000$ peuvent s'en tirer sans payer d'impôt» .

Il en va de même pour la décision de construire le toit du stade olympique alors qu'«il n'y a pas d'habitations convenables pour un grand nombre de pauvres et d'assistés sociaux».

A son avis, il faudrait repenser toutes les structures et amorcer une réflexion sur les valeurs actuelles de la société.

«Aujourd'hui, les jeunes sont mis sur une tablette avant même d'avoir un premier emploi, ce qui est immoral.» Selon lui, «il faut changer certaines structures» et, pour ce faire, les jeunes doivent s'impliquer et tenter «de trouver des moyens pour se faire entendre; exiger des décideurs qu'on tienne compte de (leurs) besoins et opinions».

Cela n'est pas facile car «une des faiblesses de la société occidentale, c'est l'individualisme quasi-absolu. On ne tient pas compte de l'importance de partager, d'être solidaire», dit-il en faisant par la suite allusion à la lutte menée par le syndicat Solidarité en Pologne.

On note, poursuit Mgr Proux, «une tendance très forte de la société à l'individualisme». «(C'est là) la façon la plus païenne, la moins chrétienne et la moins humaine de faire les choses.» Il y a donc «beaucoup de chemin à faire» pour les jeunes que l'évêque a invités à se faire valoir. «Il faudrait qu'il y ait quasiment des invasions (dans les structures des adultes) et que les jeunes réclament de la place.»

Les jeunes d'aujourd'hui et le travail

A l'occasion de l'Année internationale de la jeunesse, Mgr Proulx a signalé combien le chômage affecte gravement le monde des jeunes et compromet leur avenir. Voici un communiqué de presse, daté d'avril 1985 et publié dans plusieurs quotidiens et hebdomadaires.

Les évêques du Québec, en septembre 1982, ont déjà qualifié la situation de chômage vécu au Canada comme étant tragique. On a parlé des jeunes comme d'une génération sacrifiée. La priorité de notre société semblait écarter cette préoccupation d'un travail décent pour les jeunes comme si, soudainement, on pouvait se passer d'eux et bâtir un avenir sans eux. C'était, à mon sens, une tragique erreur que certains politiciens maintenant reconnaissent, sans savoir la corriger!

Il est possible que les jeunes d'aujourd'hui soient tombés victimes de la surenchère au niveau des gouvernements et des institutions scolaires qui semblaient, il y a dix ans à peine, croire qu'il n'y avait pas de problème pour ceux et celles qui accepteraient de s'éduquer convenablement. Il y a, malheureusement, un grand nombre de jeunes qui, même avec un degré universitaire, ne réussissent pas à se dénicher un emploi convenable.

On a peut-être influencé les jeunes à rester passifs devant les défis que pose la remise en question de valeurs souvent très limitées! On leur a enlevé, en quelque sorte, le désir de se développer et de créer pour prendre leur place dans la société. Avec les batailles que l'on est obligé de faire pour permettre aux jeunes de moins de trente ans d'avoir au moins une allocation sociale suffisante pour leur permettre de se loger et de se nourrir, on a négligé d'autres batailles, dans différents lieux, qui pourraient forcer l'évolution dans le sens d'une ouverture.

Comme la Commission Labelle nous l'a suggéré dans son mémoire «Bienheureux les pauvres...?», il faudrait penser en terme de l'emploi comme d'un bien précieux qu'il faudrait apprendre à partager. Notre société de consommation égoïste et individualiste a beaucoup à faire pour grandir dans un sens davantage respectueux des valeurs de fraternité, de solidarité et de partage.

Je souhaite vivement que les jeunes puissent interpeller toute notre société sur sa façon d'avoir réduit la vision que nous devrions avoir, et aussi d'avoir rendu difficile la participation réelle des jeunes à la construction d'une société plus juste.

Les jeunes nous interpellent

Dans un communiqué donné au poste de radio CKCH de Hull, Mgr Proulx souligne l'espérance soulevée par l'Année internationale de la jeunesse (1985) et il invite les jeunes à exprimer leurs vues sur le type de société à mettre en place.

L'Année internationale de la jeunesse nous invite à parler des jeunes de notre pays et des jeunes du monde. Je voudrais que cette année soit particulièrement célébrée par les jeunes eux-mêmes, toujours dans une perspective de vie intégrale. Cette vie que les jeunes devraient désirer et promouvoir, c'est une vie remplie d'espérance. Cette espérance doit toucher tous les jeunes de notre pays et, d'une manière particulière, les jeunes qui sont aux prises avec le problème de l'emploi, et le problème, peut-être plus angoissant, d'une sécurité minimum.

Je souhaite vivement que les jeunes nous interpellent, nous, les plus vieux, sur le genre de société que nous avons mis sur pied. Êtes-vous satisfaits, vous, les jeunes, des priorités mises en place par les décideurs de notre société? Pouvez-vous nous interpeller par un discours et par des actions qui soient davantage axées sur des valeurs de solidarité, sur des valeurs de communauté, sur des valeurs de partage? Les jeunes de notre pays sont-ils capables de nous stimuler et de faire en sorte que notre gérance des biens immenses qui nous ont été confiés soient davantage marquée par la responsabilité?

Ce que vous pouvez faire ici et ce que vous êtes invités à faire durant cette Année internationale de la jeunesse peut aussi avoir des effets stimulants et bienfaisants pour les jeunes des pays du tiers-monde. Quels efforts pourrions-nous faire pour rendre leur espérance davantage présente? Quelle participation les jeunes des pays développés peuvent-ils fournir à la promotion et à la croissance des conditions de vie dans les pays sous-développés? Est-ce que nous pouvons penser en terme d'un avenir de paix, de fraternité et de justice quand nous nous tournons vers vous, les jeunes d'aujourd'hui?

Des jeunes inventifs et responsables

Pour célébrer l'Année internationale de la jeunesse, un groupe de jeunes artistes de Hull appelé «Murmure 85» a peint trois murales sur les murs aveugles de maisons. Lors de l'inauguration, le 24 septembre 1985, Mgr Proulx leur a adressé une allocution dont voici des extraits.

Bien chers amis,

Vous avez voulu fêter d'une manière signifiante l'Année internationale de la jeunesse. Je vous félicite de cette initiative qui manifeste une fois de plus, à la face du monde et de notre société outaouaise, que les jeunes sont inventifs et qu'ils désirent assumer leurs responsabilités.

Vous avez voulu fêter en développant vos talents d'artistes. Plus que jamais, notre monde, si axé sur la consommation effrénée, et sur un matérialisme terre à terre, a besoin d'une âme, d'une élévation de l'esprit. C'est Paul VI, évêque de Rome, qui a donné un nouveau nom à la paix en l'équivalant à «développement». C'est vrai pour les pays du tiers-monde, et c'est vrai aussi pour les franges de plus en plus voyantes de notre tiers-monde d'ici: chômage éhonté de milliers de jeunes, course effrénée aux armements, hausse spectaculaire du nombre de suicides, surtout chez les jeunes, destruction de la fibre même de notre potentiel humain et de notre possibilité de croissance.

Jésus a dit: «Je suis la lumière du monde. Celui qui vient à ma suite ne marchera pas dans les ténèbres, mais il aura la lumière de la vie» (Jean 8, 12). Quand vous êtes tentés par le doute, il faut vous souvenir de ce que Jésus, notre ami et votre ami, vous a dit. Jésus a voulu, pour les hommes de son temps comme pour les jeunes de notre temps, favoriser le développement le plus complet possible de toutes les possibilités. En vous appliquant à chercher la vérité, vous deviendrez de plus en plus libres selon le plan dynamique que l'Évangile nous propose. Vous avez voulu, suivant en cela le conseil insistant de Jean-Paul II, mobiliser ensemble vos énergies. Puissiez-vous continuer à travailler ensemble pour discerner la lumière, lumière du Christ, lumière qui peut jaillir également d'un groupe de chrétiens soucieux de travailler pour la paix en oeuvrant pour le développement.

Vous avez été marqués, un bon nombre d'entre vous, par le chômage. Vous êtes atteints et affectés par une société en pleine mutation. Vous ne devez pas vous démobiliser à aucun moment — vous devez travailler vous-mêmes à trouver des solutions et vous devez, en solidarité les uns avec les autres, faire des pressions sur les décideurs dans notre société. Le chemin de la paix passe par la justice et le partage. Ne laissez pas les difficultés vous détruire et détruire votre espérance. Vous êtes aussi responsables de votre avenir et de l'avenir du monde.

Ce que vous avez vécu est important. Votre réflexion sur la paix s'est concrétisée par cette murale, et elle devra continuer à s'incarner dans des projets que vous devrez, sans doute, expliciter, développer, en quelque sorte imposer à notre société. Cette expérience que vous avez vécue vous permet peut-être de voir comment des jeunes de votre âge et des adultes aussi, dans de nombreux pays du monde, sont encore plus privés que vous du nécessaire, blessés dans leur dignité et opprimés dans leur liberté et leur foi.

En travaillant ensemble ici, en essayant de favoriser des changements qui respecteront davantage les droits humains, la liberté et la croissance, vous devez aussi vous ouvrir aux inquiétudes de vos frères et soeurs en humanité. La solidarité que vous avez appris à vivre dans un projet très concret doit franchir les frontières de notre région et doit surmonter tous les préjugés. Vous avez voulu manifester votre préoccupation pour la paix et pour l'avenir du monde. Vous devez continuer d'être préoccupés et vous devez prolonger votre appel pour que le monde, si distrait et si difficile à éveiller, puisse en être affecté.

Venez changer l'Église !

Il y a moins de fidèles dans nos églises et je ne pense pas personnellement qu'on retrouvera une fréquentation aussi grande qu'il y a quelques années.

Mais je dirais qu'on perçoit mieux le bonheur des chrétiens, leur joie de croire en communauté; les gens sont moins poussés par la pression sociale, ils viennent librement, joyeusement, dans la plupart des cas.

Quant à ceux et celles qui disent que l'Église les éloigne, que l'Église officielle les empêche par son culte d'être eux-mêmes, je leur dirais comme Jean-Paul II a dit aux jeunes au Parc olympique: Vous voulez que cette Église vous accueille, qu'elle soit conforme à votre culture et à vos besoins, eh bien, allez-y, envahissez les temples, faites en sorte que votre présence soit un agent de changement, pour que l'Église soit davantage pertinente à votre vie.

(Mgr Proulx à l'émission «Il fait toujours beau quelque part», 24 décembre 1985.)

Les femmes

Les femmes en pastorale

*Déjà en 1981, Mgr Proulx se montrait très accueillant
face aux ministères à confier aux femmes. A l'émission
télévisée «Femme d'aujourd'hui» du 23 octobre 1981, il
explique l'espérance et les difficultés qu'il entrevoit à ce
sujet.*

Dans nos communautés paroissiales, il y a actuellement
autant de femmes que d'hommes, sinon davantage, qui sont
engagées dans la planification des projets pastoraux, dans
l'animation et l'action liturgiques, et même il y en a dans la
responsabilité première (celle de curé) qui autrefois était
confiée uniquement à des clercs, à des prêtres. Cette fonction
est maintenant confiée à des femmes, en particulier à des
religieuses à cause de leur degré de préparation et de leur
disponibilité, mais également à des laïques.

Bien sûr, au début il y a eu une certaine réticence, une
certaine insécurité face à une femme qui était appelée à
proclamer la Parole de Dieu (homélie). Les gens étaient habitués à entendre seulement le prêtre proclamer la Parole de
Dieu. De même pour distribuer l'Eucharistie: les gens
étaient habitués à voir seulement le prêtre distribuer l'Eucharistie. Actuellement il y a dans beaucoup de paroisses
des femmes qui le font, qui ont été appelées à être des
collaboratrices du prêtre dans la distribution du Pain de vie,
qui le distribuent en particulier à des malades incapables de
se rendre à l'église.

Cela est nouveau chez nous et, même si au départ il y a eu une attitude de crainte, il y a eu très rapidement un changement d'attitude et une compréhension nouvelle de ce qu'est l'Église, et aussi une appréciation de ce qu'est la femme dans l'Église .

La femme a un rôle unique à jouer dans la société et dans l'Église. Elle est par charisme plus facilement éducatrice que l'homme, plus patiente; elle prend le temps, elle écoute souvent mieux qu'un homme. Certaines femmes ont l'art d'être attentives et accueillantes par leur écoute.

Actuellement ces femmes font tout (dans la paroisse), excepté célébrer la messe et les sacrements. A cela il y a des raisons qui nous dépassent, des raisons historiques difficiles à analyser.

Voici quand même. Le Seigneur Jésus a choisi des hommes pour ses premiers prêtres. Il y avait des raisons culturelles à ce moment-là, même si l'attitude de Jésus était beaucoup plus féministe qu'on puisse l'imaginer, par son enseignement et par les compagnes qui l'ont suivi durant toute sa vie. On s'aperçoit que les femmes jouaient un rôle très important dans son pèlerinage; dans l'intention de Jésus, les femmes passent à égalité avec les hommes.

Aussi la question la plus difficile, encore aujourd'hui, est-elle la suivante: le pape, l'évêque, le prêtre sont perçus comme des hommes de pouvoir, avec un certain pouvoir, et c'est là ce qui fait difficulté. Dans l'esprit de Jésus, ce n'était pas en vue de leur donner un pouvoir (qu'il les a choisis), il les a rendus ministres pour servir. Le pouvoir que j'ai n'est pas un pouvoir de domination, c'est un pouvoir de service. Notre culture n'est certainement pas complètement changée sur ce point et le curé est encore perçu comme un homme de pouvoir dans sa paroisse.

Je ne sais si cela va changer et quand cela va changer. Je sais que dans les autres confessions chrétiennes, chez les Anglicans, dans l'Église Unie, on a changé la législation et les femmes peuvent devenir responsables de communauté au même titre que les hommes. Cependant cette nouvelle législation n'a pas changé la mentalité et les attitudes des gens de la communauté. Dans certains cas, ces femmes

BIBLIOTHÈQUE
Université du Québec à Rimouski

ordonnées n'ont pas trouvé de communauté qui voulait les accepter.

Chez nous, je ne suis pas certain, si on disait demain que les femmes peuvent être ordonnées, comment les gens accepteraient cela.

(N.B. L'émission s'est terminée ici et Mgr Proulx n'a pu élaborer davantage.)

Le rôle des femmes dans l'Église

A l'émission «Il fait toujours beau quelque part» du 24 décembre 1985, à la radio de Radio-Canada, Johanne McDuff interroge Mgr Proulx sur l'avenir des femmes dans l'Église.Voici sa réponse courageuse et nuancée.

Au sujet de la place des femmes dans l'Église, je pense qu'il y a beaucoup de progrès à faire, tout comme dans la société d'ailleurs.

On constate des progrès, mais ils sont très lents, parce qu'il faut changer les attitudes, et cela peut prendre des générations. Il y a longtemps que ça dure, le patriarcat!

L'une des difficultés dans l'Église, c'est qu'il n'y a pas de possibilité réelle que les femmes puissent accéder à ce qui est perçu comme le pouvoir, à cause d'une déformation du rôle du prêtre en paroisse, du rôle de l'évêque dans son diocèse. Les femmes disent: «On ne pourra jamais avoir notre mot à dire, à moins d'avoir accès à l'ordination.»

Dans le moment c'est un blocage, mais il y a moyen, à mon sens, de contourner la difficulté. Comme les évêques du Québec l'ont discuté avec des femmes de toutes les couches de la société, on peut viser à un partenariat entre hommes et femmes dans l'Église, à condition qu'il leur soit donné des mandats réels et concrets, avec possibilité d'exercer ce mandat à l'intérieur des paroisses comme à l'intérieur des diocèses.

Cela est possible à travers des instruments déjà mis en place: conseil de pastorale en paroisse, conseil diocésain de pastorale, conseil épiscopal, équipe d'accompagnement des futurs prêtres, etc. Il y a donc possibilité que les femmes aient leur mot à dire et que leur influence positive se fasse sentir à ces niveaux.

Tout cela est possible mais il faudra des changements d'attitudes de la part des hommes, une sorte de conversion. Il y a encore des attitudes encroûtées: regardez même en politique où on devrait trouver au moins la moitié des femmes députés. Ce n'est pas le cas.

En dépit de l'inégalité des hommes et des femmes dans l'Église, la participation des femmes est plus grande qu'elle ne l'est reconnue officiellement. Leur influence est extrêmement importante: je pense, par exemple, à l'approche des femmes sur des questions difficiles de morale sexuelle. L'Église aurait eu profit, depuis longtemps, à consulter les femmes de façon plus régulière avant de publier des documents, pour connaître la façon de l'exprimer. Peut-être l'enseignement lui-même n'aurait pas été radicalement différent (si on se base sur l'Écriture pour notre enseignement), mais il est important d'écrire pour que les gens comprennent et que cet enseignement n'apparaisse pas comme étant surtout négatif et brimant pour les femmes. L'Église enseignante devrait être capable de réfléchir et de se questionner là-dessus.

La condition des femmes dans l'Église

> *Les 1 et 2 mars 1986, les évêques du Québec tenaient à Montréal une session avec un groupe de femmes engagées en Église. A l'émission «Femmes d'aujourd'hui» du 9 mars 1986, à la télévision de Radio-Canada, Mgr Proulx participait à une table ronde sur le sujet. Voici les diverses interventions, accueillantes et sereines, qu'il a faites au cours du débat.*

(Dans cette session) nous avons privilégié l'approche historique. Et cela est apparu, surtout la première journée, comme une charge sur l'Église institutionnelle, l'Église des évêques.

Je ne pense pas que cela ait été l'intention du Comité responsable, de faire en sorte qu'on se sente écrasé par les accusations — ce n'était pas du tout d'ailleurs sous forme d'accusations. Cependant l'histoire a ceci de bon qu'elle nous fait vivre dans le présent ce qui s'est passé il y a un siècle ou 50 ans. Alors c'est peut-être cela qui a été difficile à digérer...

L'assemblée des évêques a été très progressive en ce qui concerne ce regard sur la situation des femmes. Et soudainement, avec cette approche historique, nous avons vu sous un autre jour, peut-être, les faiblesses, les hésitations de nos communautés chrétiennes, et aussi notre façon de procéder, notre façon d'enseigner. Une façon d'enseigner qui semble aussi maintenir dans une certaine sujétion toutes les femmes de notre Église. Ce n'était pas l'intention, mais c'est la réalité.

La question du pouvoir (dans l'Église) est extrêmement difficile, parce que traditionnellement, historiquement, le pouvoir a été associé avec l'ordination ministérielle, comme diacre, prêtre, évêque.

Alors, comment faire? Parce que nous n'avons pas la liberté, nous n'avons pas à changer les règles du jeu, soudainement, en disant : demain nous allons ordonner des femmes...

Dans les ateliers (équipes formées de femmes et d'évêques qui ont travaillé ensemble lors de la session), il y a des propositions, des souhaits qui été émis: partout où les femmes peuvent être présentes... Par exemple: quand il s'agit des conseils de pastorale en paroisse, qu'on vise à avoir un nombre égal de femmes, sinon plus; de même pour les marguillers, qu'il y ait des marguillères élues par les assemblées de paroisse, comme la loi civile le permet; faire en sorte que les femmes soient présentes aux diverses instances, au niveau de la permanence; au secrétariat des évêques du Québec, par exemple, il y a des femmes (chargées de postes clé), mais peut-être pas en nombre suffisant; et enfin qu'on ait les moyens pastoraux d'accorder un meilleur traitement aux femmes engagées en pastorale, avec des salaires qui soient respectueux des conditions de vie, de la compétence et des autres besoins des femmes.

Chaque semaine, Mgr Proulx passait de longs moments à visiter les personnes âgées, soit dans des groupes où il était invité, soit dans des centres d'accueil où il célébrait parfois la messe.

Les personnes âgées

Céder l'évêché pour les personnes âgées

Dans une interview téléphonique à Radio-Canada, Ottawa, Mgr Proulx s'inquiète du logement des personnes âgées dans la région et il offre son évêché pour en loger quelques-unes. Pierre Murtel résume l'entrevue dans Le Droit du 7 mai 1975.

Si cela peut aider à débloquer la situation pénible dans laquelle vivent les personnes âgées de l'ancien foyer St-Rédempteur d'Aylmer, l'évêque hullois se dit prêt à commencer à se chercher un logis et à céder sa résidence aux vieillards, qui vivent actuellement dans des conditions inhumaines.

«L'évêché est un bâtiment adéquat même s'il ne répond pas aux normes du ministère des Affaires sociales. De toutes façons, l'édifice est beaucoup plus adéquat que le gîte actuel de ces personnes âgées.»

«Présentement, nous sommes six ou sept personnes qui vivons à l'évêché. Comme nous sommes tous en bonne santé, il nous serait facile de chercher un gîte ailleurs pour laisser la place à des gens plus dépourvus», devait-il poursuivre.

Enfin, Mgr Proulx a invité les citoyens de la région à s'adresser aux autorités politiques pour réclamer un meilleur traitement pour les persones âgées de la région. «Mon intervention ne sera efficace qu'en autant que les citoyens voudront bien m'appuyer», a-t-il conclu.

Les personnes âgées

Entrevue donnée à «Dialogue», à la radio de Radio-Canada, le 25 mai 1975. Jean Deschamps interviewe Mgr Proulx et Hubert de Ravinel sur la situation des vieillards dans les foyers d'accueil.

Un étudiant a visité, l'autre jour, un foyer de personnes âgées et il en est revenu tout révolté. Cet étudiant a constaté le manque d'hygiène, le manque de soins élémentaires, comme le bain par exemple. Les employés ne pouvaient pas donner aux malades des soins médicaux adéquats parce qu'il leur manquait de l'équipement essentiel.

Par la suite, je me suis rendu moi-même visiter ce foyer d'hébergement. L'étudiant n'avait pas exagéré et j'ai partagé son indignation.

Qui est responsable de telles situations? On peut dire bien sûr que ce sont les gouvernants; mais je crois que c'est toute la société qui est responsable. Les responsables, ce sont les citoyens, ce sont les chrétiens qui ne protestent pas contre ces foyers impropres à l'habitation. Et qui ne les visitent pas non plus, parce qu'ils ne considèrent pas ces personnes comme des frères et des soeurs, appartenant à leur communauté.

Nos aînés: un dynamisme nouveau dans la société et dans l'Église

Dans cette lettre datée du 9 novembre 1978, parue dans le journal de la Fédération des clubs de l'âge d'or du Québec «Age d'or — Vie nouvelle», Monseigneur Proulx met en relief les besoins et le rôle des personnes âgées.

Il n'y a pas si longtemps, nos aînés ne préoccupaient pas tellement ceux qui président aux destinées de notre société. Quelques programmes hâtivement bâclés prétendaient leur donner le supplément nécessaire pour finir leurs jours en beauté. Depuis quelques années, la situation a changé: nos aînés sont devenus assez rapidement une présence sensible au milieu de nous.

En m'adressant à vous, j'ai le sentiment que je m'adresse vraiment à un frère aîné. Ce frère aîné à qui je dois beaucoup a peut-être besoin de mon affection et de mon appui pour les causes louables dans lesquelles il se sent impliqué, mais il devient soudainement un partenaire de première importance dans la tâche qui nous incombe à tous de bâtir une société plus humaine et plus chrétienne. Il nous reste beaucoup à faire pour convertir notre société consommatrice et jouisseuse au respect de nos aînés dans tout ce qu'il sont: des hommes et des femmes qui ont droit à un traitement équitable dans l'allocation des logements, des loisirs et des richesses de notre pays — d'autant plus que ce que nous avons aujourd'hui, nous le devons surtout à nos aînés. Ce travail d'équilibre dans les lois et dans les programmes gouvernementaux, en faveur de nos aînés qui sont très souvent les plus pauvres, doit se poursuivre avec courage et avec persévérance. Cette action doit s'étendre à tous les paliers gouvernementaux de la société.

Bien plus, nos aînés ont un rôle à reprendre dans notre société — ils doivent devenir des personnes vivantes qui contribuent à rendre plus humaines les relations entre générations. Ils ont un rôle à jouer dans le respect des valeurs fondamentales qui ont tendance à être escamotées aujourd'hui: respect de la vie, respect du plus faible, respect et dignité du réfugié, de l'assisté social, etc. Cette sagesse, notre société en a grandement besoin et mon rêve c'est de voir, partout au Québec, des aînés qui ne craignent pas de prendre leur place sur l'échiquier social et politique.

L'Église aussi a besoin de vous. Vous êtes partie de ce peuple de Dieu en marche, et votre contribution au renouvellement de ce peuple peut aider à votre bonheur et au bonheur des hommes d'aujourd'hui.

Quelle place pour les personnes âgées?

Dans un long article, «Quand l'Église parle ou ne parle pas des personnes âgées...» publié dans la revue Communauté chrétienne *de janvier-février 1983, Mgr Proulx résume l'enseignement de l'Église sur les personnes âgées, puis il s'interroge sur la qualité des gestes concrets qui correspondent à ce beau discours. Voici les dernières pages (95-97) de ce texte remarquable.*

Il n'est pas facile d'être juste vis-à-vis d'une Église qui essaie de garder son équilibre et sa fidélité à travers les bouleversements d'une société qui change «à la vitesse du son».

Un retard à rattraper

Il y a longtemps que l'Église d'ici aurait dû s'interroger sur le sort que notre société autrefois chrétienne a réservé aux aînés. Il est relativement facile pour cette société de prétendre qu'elle a amélioré le sort des personnes âgées en généralisant les allocations de vieillesse et en favorisant la construction de foyers d'accueil relativement confortables. Cette même société semblait répondre aux désirs des citoyens eux-mêmes qui ont réclamé pour leurs aînés des lieux de résidence spéciaux.

On ne s'est peut-être pas rendu compte — et c'est là la seule excuse plausible — que toutes les valeurs nouvelles charriées par une société industrielle menaçaient son équilibre lui-même. Ainsi l'Église, par son magistère, a-t-elle été plutôt lente à interpeller notre société sur des orientations que certains pourraient qualifier de suicidaires.

Cette même Église n'a pas vu — du moins pas d'une manière claire — que les valeurs chrétiennes étaient gravement menacées par des pratiques qui favorisaient la mise au rancart des personnes âgées en les cantonnant en des lieux spéciaux. Ainsi les familles étaient graduellement démantelées et toute notre approche, à compter de la construction domiciliaire jusqu'à l'âge obligatoire de la retraite, allait fatalement accentuer cette aliénation.

Une parole prophétique

En janvier 1970, c'est Hubert de Ravinel (petit frère des Pauvres) qui écrivait, en se demandant si la vieillesse avait encore un sens, que «les vieillards n'intéressent pas». Sous ce titre, il affirmait: «La situation matérielle pénible dans laquelle se trouvent plusieurs personnes âgées n'est peut-être pas l'aspect le plus douloureux de leur vie. Certains vieillards n'ont aucun problème d'argent, mais souffrent du sort que leur réserve notre société. Ils se sentent oubliés, rejetés, parfois même par leur famille. Ce n'est pas toujours parce que les enfants sont ingrats qu'ils oublient leurs parents, mais plutôt par manque de temps ou par suite de difficultés financières. Des logements trop petits pour les accueillir, le manque de ressources pour leur assurer un niveau de vie décent ou les placer dans un bon foyer (quand ils peuvent venir à bout de trouver une place), les obligent parfois à négliger, malgré eux, ceux qu'ils aiment.»

Hubert de Ravinel décrivait déjà, en parlant du traitement fait à nos aînés, une société en pleine déchéance. Il eût été bon que les différentes instances de l'Église, surtout ici au Québec où notre tradition familiale aurait dû nous y pousser, prévoient cette catastrophe et s'emploient à empêcher la dislocation de notre société. Les vieillards d'aujourd'hui souffrent, malgré des améliorations d'ordre social et économique qui ont été insérées dans nos lois, de ce même «isolement moral» dont traitait Hubert de Ravinel.

Le discours de l'Église sur les personnes âgées serait beaucoup plus crédible, si nous avions, comme pasteurs, manifesté plus d'énergie à vouloir briser l'isolement moral et souvent aussi l'isolement spirituel dans lesquels le monde actuel les a réduites.

Une action pastorale à entreprendre

Avons-nous, dans nos programmes d'action pastorale et d'action sociale, tenu compte de la présence de nos aînés, de leurs besoins vitaux et du besoin qu'avait l'Église de leur sereine présence? Jusqu'à quel point nos paroisses ne se sont-elles pas contentées de prêter un local pour l'âge d'or, sans questionner tous les autres groupes à l'intérieur du territoire sur la place qu'ils réservaient aux personnes âgées?

Si nous croyons que l'Église peut se revitaliser seulement si elle se tourne résolument vers les pauvres, nos aînés pourraient grandement en profiter. Combien de paroisses auraient intérêt à consacrer des énergies de toutes sortes à rendre possible l'insertion véritable de leurs aînés dans le tissu même de la vie communautaire? Il faudrait, par des moyens nouveaux, que les personnes âgées reprennent la place qui leur revient dans la vie de chaque communauté paroissiale. Un frère évêque mentionnait la possibilité que l'on transforme certains presbytères en foyers «nouveau genre» pour personnes âgées, ce qui leur permettrait d'apporter leur contribution unique à la vitalité de la communauté chrétienne. Je me suis réjoui de voir que la paroisse St-Jean-l'Évangéliste de Thurso dans mon diocèse avait pris cette sage décision.

Le discours de l'Église d'ici peut devenir crédible et efficace si tous, nous nous laissons interroger par l'enseignement qui nous vient des Écritures et qui est remis à jour par les interventions toutes récentes du Pape Jean-Paul II. L'intérêt suscité par des projets sur la vitalité de la famille et sur les dangers qui la confrontent de toutes parts ne peut pas aller sans nous tourner résolument vers le sort que nous avons trop souvent réservé à nos aînés. Est-ce que le discours de l'Église peut s'incarner de nouveau dans des projets bien concrets de nos chrétiens d'ici, projets qui permettront à toute notre Église et à toute notre société, de trouver son équilibre et un respect nouveau pour les valeurs dignes de toute civilisation?

La famille

La destruction des plus faibles

En conformité avec son option pour les plus petits, Mgr Proulx a pris parti contre l'avortement, tout en proposant une aide concrète et aimante aux femmes en difficulté. Il explique sa position dans un communiqué de presse en date du 9 janvier 1980.

Cet enseignement de l'Église (de ne pas recourir à l'avortement) a été constant depuis les Apôtres et a été réitéré par les derniers papes et par les collèges d'évêques du monde entier.

Dans «La doctrine des douze apôtres», rédigé à la fin du 2e siècle, on y rappelle le commandemnt de Dieu: «Tu ne tueras pas l'enfant par avortement et tu ne le supprimeras pas après sa naissance» (2, 2). «La route de la mort, la voici... Ils ne reconnaissent pas leur Créateur, ils tuent leurs enfants par l'avortement; ils font périr ce qui est création de Dieu.» Cette position de l'Église fondée sur un commandement de Dieu n'est pas négociable pour ceux qui sont croyants.

Nous regrettons que les lois des hommes, même dans une région qui se dit chrétienne, viennent en contradiction avec la loi de Dieu. Le respect que l'on doit à ceux qui ne partagent pas notre foi ne doit jamais aller jusqu'à l'érosion des principes mêmes sur lesquels elle est fondée.

Mgr Proulx accueille une famille de réfugiés du Cambodge, au Centre diocésain, en mars 1980.

En rappelant à nos fidèles qu'ils doivent respecter les exigences de leur croyance en Dieu, nous invitons tous les médecins et les travailleurs de la santé à ne pas coopérer à ces actes qui restent répréhensibles à la conscience chrétienne.

Nous lançons également un appel aux parents, aux éducateurs, aux médecins et à tous les fidèles: s'il arrive que vous ayez à conseiller une femme troublée par la perspective de devoir mener à terme une grossesse, mettez tout en oeuvre pour qu'elle reçoive le soutien voulu. Nous comptons qu'avec les services déjà en place comme Grossesse-Secours et d'autres, nous pourrons fournir une aide efficace à toutes celles qui décideront de donner la vie plutôt que de se soumettre à la solution dramatique de l'avortement.

Une solution de facilité

Mgr Proulx renchérit dans une brève entrevue à la radio de Radio-Canada, le vendredi 18 janvier 1980.

Je ne suis pas d'accord avec l'établissement de cliniques d'avortement, en milieu hospitalier ou autrement, parce que je crois sincèrement qu'aucun homme n'a le droit de nier l'existence à qui que ce soit, surtout à un être qui n'a aucun moyen de se défendre.

Je ne crois pas que le service d'avortement soit une solution pour certaines femmes en difficulté, ni une solution aux problèmes sociaux qui nous assaillent. C'est une solution cruelle, une solution de facilité, et l'histoire nous dit que toute société qui recourt officiellement à cette pratique se condamne elle-même et est en danger.

Si nous croyons que la vie est sacrée, nous ne pouvons pas proposer ou accepter des exceptions. C'est pourquoi, même si je respecte l'opinion des autres, je ne peux pas faire de compromis à ce sujet.

Avortement: les femmes sont des victimes

Commentant le document des évêques du Québec «En faveur de la vie», Mgr Proulx met beaucoup de nuances dans la responsabilité des femmes. Le journaliste André Archambault résume ainsi ses propos dans Le Droit *du 11 décembre 1981.*

«C'est la société qui est avorteuse. Les femmes n'en sont que les victimes», de souligner l'évêque de Hull, Mgr Adolphe Proulx.

«Il appartient aux hommes et à l'État, qui est bâti à leur image, de prendre leurs responsabilités pour venir en aide à ces femmes, tout en protégeant la vie avant la naissance.»

Dans leur message, les évêques avaient réitéré que l'avortement était une «atteinte à la vie», au même titre que «l'euthanasie, le suicide et l'infanticide». Ils rappelaient également aux travailleurs de la santé qu'ils avaient «le droit de refuser» de participer à des actes «incompatibles avec leurs convictions morales et religieuses».

Selon Mgr Proulx, l'expérience vécue dans l'Outaouais par des organismes tel «Grossesse-Secours» démontre que 99% des jeunes filles enceintes entre 16 et 20 ans ne veulent pas se faire avorter, mais s'y voient incitées par leurs parents ou des travailleurs sociaux pour qui c'est encore «la solution» la meilleure.

Pour les évêques, favoriser l'avortement, c'est finalement choisir la facilité et rendre un mauvais service à tout le monde, particulièrement à la femme enceinte.

Une conversion
qui se traduit en actes

Je reçois régulièrement des lettres de personnes qui m'invitent à tonner contre tous les abus qu'ils voient autour d'eux, à condamner ceux et celles qui, d'après eux, ne sont pas fidèles à l'enseignement de Jésus.

Quelques-uns ne se gênent pas, et c'est leur droit, pour dire que les évêques et les prêtres se trompent, que c'est de notre faute si tout va mal en Église. Ils rêvent d'une Église de leur «enfance», moralisatrice et toute spirituelle.

Ils ne comprennent pas que cette Église peut être intéressée à promouvoir la justice, la paix et un partage équitable des biens confiés à la gérance de l'homme. Ils ne voient pas facilement le lien entre l'amour prêché par Jésus et une véritable conversion qui se traduirait par des structures plus justes dans l'économie et dans la société.

(*Bulletin diocésain* Rues de l'Église... Église de la rue, *février 1985*.)

Les divorcés remariés

Dans une longue entrevue accordée à L'informateur catholique et publiée le 30 janvier 1983, Mgr Proulx parle de la pastorale de la miséricorde auprès de ceux et celles qui tentent de refaire leur vie après un premier mariage malheureux. Voici les dernières lignes de l'entrevue avec M. Paul Bouchard.

Même si l'Église a un enseignement sur la stabilité et la fidélité dans le mariage, elle ne rejette pas tous ceux qui, pour des raisons variées, n'ont pas été capables de vivre les exigences de cette doctrine.

Il ne faut plus permettre que la marginalisation s'accentue chez ceux qui se sont écartés des schèmes établis par l'Église. Les divorcés remariés, par exemple, ne veulent pas que l'Église change sa doctrine sur le mariage. C'est du moins le cas de la plupart d'entre eux. Ces gens comprennent les exigences de l'Église. Ils tiennent à la fidélité conforme aux intentions de Jésus Christ. C'est dans l'Évangile que l'on parle de fidélité et du mariage pour la vie.

Toutefois, ce n'est pas parce que certains couples ont vécu des drames qu'il faut les rejeter comme des païens. Même s'ils n'ont pas réalisé une union évangéliquement parfaite, ces couples n'ont pas rejeté la foi pour autant.

Ces individus, ne l'oublions jamais, se sont sentis rejetés bien plus qu'ils ont eux-mêmes rejeté. Souvent, en effet, ils se sont sentis rejetés par leur famille et même leur Église. Et cela, avant qu'ils aient compris qu'ils avaient à s'insérer dans l'Église avec des modalités différentes. Voilà ce dont les mouvements reliés à la pastorale de la miséricorde devront tenir compte.

On devra convaincre les divorcés remariés qu'il y a une place pour eux dans l'Église, même s'ils ne peuvent participer pleinement à la vie des sacrements. Ou même s'ils décident eux-mêmes de ne pas demander l'accès aux sacrements qui leur sont interdits.

Souvent, ce qui rend la vie des divorcés remariés pénible, c'est de sentir qu'ils ne peuvent éduquer leurs enfants comme ils le voudraient au plan de la foi. Dans ce cas, on prend de plus en plus de mesures appropriées pour corriger la situation.

Les allocations familiales

Entrevue donnée à «Présent», à la radio de Radio-Canada, le 16 décembre 1985. Gilles Léveillé interviewe Mgr Proulx sur la prise de position des évêques concernant «la désindexation des allocations familiales» (ce qui équivaut à «geler» cette aide aux familles sans tenir compte de l'inflation).

La position des évêques, sur la désindexation des allocations familiales, a été claire dès le début.

Lorsque le Gouvernement a commencé à attaquer des programmes tels que les allocations familiales et les pensions de vieillesse, nous avons fait des représentations auprès du Ministre, lui enjoignant de ne pas faire porter le fardeau de la dette nationale sur les plus pauvres. C'est ce que fait le Bill C-70 pour réduire le déficit national. Et cela nous semble outrageant.

Cela manifeste, en effet, une direction de la part du Gouvernement qui nous fait craindre le pire: cette mesure pourrait être suivie d'autres mesures semblables. Il semble clair, d'après le budget de M. Wilson, d'après des déclarations de plus en plus claires de certains ministres, et avec ce texte de loi en particulier, que le Gouvernement s'oriente dans cette direction.

On le voit continuer à donner des subsides et des dégrèvements d'impôts à des grosses corporations, et en même temps couper dans les programmes d'aide sociale; cela nous semble très dangereux pour le bien commun.

En vérité, c'est là un choix de société. Le Gouvernement veut administrer la chose publique comme si c'était une corporation. Or le Gouvernment n'est pas une corporation au sens usuel du mot. Il doit veiller au bien commun, il doit protéger ceux et celles qui sont les plus pauvres, qui sont le plus facilement victimes des contraintes sociales.

Ceux qui contestent l'intervention des évêques dans les problèmes économiques n'ont pas compris que la moralité a sa place dans l'économie, car c'est par l'économie qu'on touche davantage le bien-être des citoyens. De plus il y a une contradiction effarante entre la mentalité du Bill C-70 et la situation au Canada. On voudrait avoir plus de citoyens, peut-être, et en même temps on coupe les vivre à la famille.

Le droit à la vie est un droit fondamental

A l'occasion de la semaine du respect de la vie, Monseigneur Proulx s'adresse à ses diocésains par l'entremise du bulletin Rues de l'Église... Église de la rue *(numéro de mai 1986).*

Les documents proposant l'enseignement de l'Église catholique concernant le respect de la vie sont nombreux et variés. Le Concile Vatican II, les derniers papes, en particulier Paul VI et Jean-Paul II, sont revenus souvent et ont insisté sur l'importance, pour chacun de nous, de respecter la vie depuis le commencement jusqu'à la fin.

On a été habitué de traiter de ce respect de la vie en termes de condamnation de l'avortement. Il y a parfois des catholiques qui, voulant selon eux protéger la liberté de la femme, mettent en cause la survie de l'enfant dans le sein de sa mère. A mon sens, c'est une dangereuse tendance qui peut conduire aux plus graves injustices.

Tout en respectant la conscience de chacun et de chacune, nous ne pouvons pas faire des compromis avec des droits fondamentaux. Il se trouve que le droit à la vie est un de ceux-là.

Des gens qui se disent catholiques doivent accepter l'enseignement qui leur est proposé et ne pas publiquement mettre en cause cet enseignement.

C'est très fragile, la famille

A l'émission «Dialogue» du 28 septembre 1986, à la radio de Radio-Canada, Mgr Proulx commente le rapport du Comité de consultation sur la politique familiale au Québec. Il souligne les difficultés quasi insurmontables qui accablent les parents.

Les difficultés qu'éprouve la famille, tant traditionnelle que monoparentale, sont dues à tellement de facteurs qui contribuent à diviser, à détruire même ces petites unités que sont les familles.

C'est très fragile, la famille, dans une société urbanisée, industrialisée, automatisée comme la nôtre. C'est très fragile et on doit mettre en place les éléments qui permettraient de la sauvegarder.

Les problèmes d'aujourd'hui sont plus graves que ceux d'autrefois et c'est pour cela que je ne veux pas faire de jugements: le nombre de divorces et de séparations, c'est trop dramatique pour trop de personnes pour que je pose un jugement de l'extérieur.

Je suis plutôt porté à poser un jugement sur la société qui fait en sorte qu'il devienne impossible à des couples, en certaines circonstances, de continuer de vivre ensemble.

Mgr Remi De Roo et Mgr Proulx, en juillet 1985, tiennent en main une critique du rapport MacDonald, faisant suite aux «Jalons d'éthique» publiés par la Conférence des évêques catholiques du Canada.

Une société à refaire

L'économie canadienne

Entrevue donnée à «Présent», à la radio de Radio-Canada, le 3 janvier 1983. Maurice Godin interviewe Mgr Proulx sur la récente déclaration des évêques canadiens: «Jalons d'éthique et de réflexion sur la crise économique actuelle».

Nous ne cachons pas qu'il y a, dans ce document, une critique de notre système actuel, un système qui produit actuellement un million et demi de chômeurs. Et nous ne pouvons pas prévoir, d'après les économistes eux-mêmes, une reprise de l'économie qui pourrait apporter une réduction sensible de ce chômage. Au contraire, on s'attend à ce qu'il y ait plutôt une augmentation.

C'est ce que nous avons critiqué. C'est la stratégie du Gouvernement qui nous semble défectueuse.

Alors nous avons fait un appel à la population, en particulier aux comunautés chrétiennes, pour les inviter à réfléchir sur ce qui se passe, pour les inviter à entrer dans le débat. N'est-ce pas d'ailleurs l'invitation que nous a faite le Premier Ministre, dans ses allocutions télévisées, d'entrer en dialogue.

En économie, on a mentionné «la loi du plus fort», selon la théorie de Darwin. C'est le plus fort qui l'emporte. C'est vrai assurément dans le monde végétal et le monde animal, mais dans le monde des humains, cela ne peut être conforme à la croyance chrétienne et à la loi de l'Évangile.

Et c'est justement sur cet aspect que nous nous sommes arrêtés. Les évêques ont réfléchi dans un sens qui est conforme à la déclaration du Saint-Père sur le travail (Encyclique sur la dignité du travail) où il redit l'importance pour le travailleur d'avoir du travail, de pouvoir conserver sa dignité.

Une partie des décisions prises par les gouvernants sont dues assurément à la panique. On veut absolument protéger le capital; on semble moins intéressé, du moins d'une façon très concrète, à protéger le travailleur.

Les évêques n'ont pas dit qu'il faut abandonner le développement et la technologie, mais que nous devrions pouvoir contrôler les changements technologiques mieux qu'on ne l'a fait jusqu'à maintenant. Qu'on ne soit pas trop porté à entrer dans des méga-projets, sans être très sûr d'ailleurs que cela va réussir. Une bonne partie de ces projets ont déjà failli, mais on continue de penser à peu près dans la même direction.

La situation actuelle ressemble beaucoup à celle de 1930. Si on se souvient bien, le Président Roosevelt avait su proposer un plan assez révolutionnaire à l'époque, une solution qui allait à l'encontre de tout ce que les économistes d'alors proposaient. Bien sûr je ne dis pas qu'il faut recourir à la même solution, mais je pense qu'on peut tenter des choses.

La solution proposée est sans doute limitée. Nous disons d'ailleurs dans le texte que nous reconnaissons la complexité des problèmes. Certains ont dit: les évêques ne doivent pas parler d'économie, parce qu'ils ne sont pas compétents pour le faire. Je pense que c'est une erreur. C'est une erreur très grave de laisser à des Gouvernements, de laisser à des économistes le soin de décider eux-mêmes quelle sorte de société nous voulons.

Je pense qu'il faut que toutes les personnes de la société puissent dire ce qu'elles veulent, ce qu'elles prévoient, face au développement technologique.

Nous reconnaissons qu'il y a des progrès dans l'automation, dans l'informatique. Il faut en tenir compte, bien sûr, mais il ne faut pas que la machine devienne maîtresse de l'homme. Et c'est ce qui est en train de se produire.

Par ce document, les évêques ne veulent pas s'impliquer de façon partisane dans «la» politique, quoique «le» politique touche aux aspects moraux beaucoup plus qu'on serait porté à le penser. Et c'est justement dans cette direction que nous avançons. Nous avons voulu actualiser l'enseignement qui vient du Saint-Siège, l'enseignement qui vient de nos autres lettres pastorales au Canada. Nous l'avons actualisé en donnant des exemples très concrets de ce qui se produit chez nous.

Aspects pastoraux de l'économie

> *Le document des évêques sur l'économie canadienne a suscité de grands remous auprès des politiciens et des hommes d'affaires. A l'émission «Second regard» du 9 janvier 1983, à la télévision de Radio-Canada, Mgr Proulx résume l'esprit et la portée du document.*

Il y eut, dans la plupart des grands journaux, une approbation sur le bien-fondé de l'interrogation, et sur l'aspect pastoral et moral qui doit être perçu comme le premier intérêt des évêques.

Nous croyons que l'économie a beaucoup à faire pour le bien-être des citoyens. Et nous nous rendons compte actuellement de l'ampleur du problème du chômage. Les gens d'ailleurs commencent à le dire: «C'est pas possible... On ne pourra jamais avoir de l'emploi. On ne peut pas corriger la situation...»

A mon sens, cette sorte de fatalisme est dangereux. Le but du message est justement de susciter le débat à tous les niveaux possible.

Nous nous adressons d'abord à nos propres fidèles et nous souhaitons que l'on se rassemble, qu'on réfléchisse sur la situation dans notre propre milieu, et qu'on essaie de trouver et de suggérer des moyens pour sortir de cette situation.

Ce qui a suscité le plus de réactions négatives de la part des politiciens et des hommes d'affaires a été notre questionnement sur le genre de capitalisme que nous avons présentement; et aussi sur la politique monétariste, sur le combat à l'inflation qui fait des victimes que nous croyons très nombreuses. Évidemment on a lu de façon un peu tangentielle le texte et on a pensé que nous étions contre le combat à l'inflation.

On ne dit pas cela. On a dit que le chômage devrait être la première préoccupation de ceux qui ont à prendre les décisions. Il y a eu un manque de concertation entre les citoyens regroupés en syndicats, les corporations et les Gouvernements; on ne doit pas laisser à une infime minorité le soin de déterminer quelle sorte de société nous voulons.

Nous croyons qu'il faudra des modifications peut-être radicales. Et nous savons, par les réactions de quelques corporations, que ce sera difficile; il y a une volonté déterminée, de la part d'un certain nombre du moins, de ne rien changer et de continuer la spirale actuelle qui est une spirale descendante.

Nous proposons donc des changements radicaux au système actuel qui privilégie l'argent, le capital, plutôt que le travailleur, et qui considère le travailleur comme un élément dont on peut se passer quand cela fait mieux notre affaire.

Nous souhaitons qu'il y ait des débats à tous les niveaux, et pas seulement entre les évêques et les Gouvernements.

Notre message est un texte pastoral

Dans une causerie aux étudiants en sciences politiques de l'Université d'Ottawa, Mgr Proulx explique la force et les limites du message sur l'économie canadienne. Régis Bouchard résume ses propos dans Le Droit du 14 janvier 1983.

«C'est un texte pastoral, pas une recette magique ou un papier économique. Nous parlons comme annonceurs de la parole de Dieu. On ne peut pas tirer de la parole de Dieu un programme pour un parti politique», a expliqué Mgr Proulx en ajoutant que les évêques parlaient de politique dans un langage spécifique mais exempt de toute partisanerie.

Mgr Proulx admet que certains passages du document peuvent prêter à interprétation mais «ce n'est pas du dogme qu'on fait là. Le message est une base de réflexion sur ce qui se passe chez nous.»

Quand, contrairement à la stratégie gouvernementale, les évêques favorisent la lutte au chômage de préférence à la lutte à l'inflation, Mgr Proulx souligne que la crise actuelle place un trop grand nombre de personnes dans le malheur et la pauvreté.

«Je pense personnellement que la souffrance actuelle, surtout chez les jeunes, est plus grande que celle qu'ont connue nos ancêtres dans les années 30, surtout parce que les habitudes de consommation sont généralisées. On n'est pas entraîné pour passer à travers la crise», estime l'évêque de Gatineau-Hull.

Un désordre moral qui affecte la dignité humaine

Suite à la déclaration des évêques canadiens du premier janvier 1983, Mgr Proulx fut invité les mois suivants à s'adresser à divers auditoires. Voici des extraits d'une conférence prononcée le 14 avril (Club Richelieu d'Ottawa), le 20 avril (Institut d'administration publique du Canada) et le 26 avril (membres de la Chambre de commerce de l'Outaouais).

Nous avons voulu, en contestant ces choix, interpeller tous nos concitoyens pour qu'ils s'astreignent à une profonde réflexion sur le genre de société qu'ils désiraient pour eux-mêmes et pour les générations qui nous suivront. Nous avons parlé, dans le message, de la priorité à donner aux travailleurs dans toute planification. Nous croyons que les dommages faits à l'homme, à la famille, aux jeunes qui veulent avoir accès à l'emploi, sont d'une gravité extrême et que nous risquons de faire face à des crises encore plus graves.

Les publics canadien et québécois semblent avoir été étonnés de voir des évêques s'astreindre à une analyse du genre — et l'on a vu toutes sortes d'accusations sur leur manque de compétence en économie et sur leur style médiéval de traiter des problèmes qui les dépassent. Peut-être ce même public n'était pas très conscient de l'intérêt des papes récents sur les problèmes vécus par les fidèles et les hommes de notre temps. Ainsi dans sa première lettre encyclique «Redemptor Hominis» (n° 16) et dans son discours intitulé «L'Évangile du travail» prononcé le 7 novembre 1982 à Barcelone, en Espagne, Jean-Paul II parle aussi d'un «désordre moral» dans le même sens que les évêques canadiens ont donné à l'expression dans leur message.

Le «désordre moral» que le pape mentionne est le renversement des fins et des moyens. Il parle du travail qui devient une fonction du capital plutôt que le capital, qui n'est qu'une cause instrumentale de la production, devenant une fonction du travail; de choses, de machines, plus importantes que les personnes; de la matière qui l'emporte sur l'esprit; de la technologie prenant préséance sur l'éthique; de l'homme qui devient le serviteur de la machine et de systèmes économiques de production.

Quand des personnes ne sont plus considérées comme les vraies richesses d'un pays, nous sommes entrés de plein-pied dans le «désordre moral» dont il a été question dans le message des évêques. C'est ce genre de désordre que le Saint-Père actuel voit comme la cause principale du problème de chômage actuel — un désordre qui va jusqu'à nier le droit au travail.

Ce «désordre moral» peut amener à plus ou moins long terme une véritable crise politique. Les conséquences politiques de la stagnation de la croissance nous affectent déjà. Cette stagnation ou même décroissance mettent le focus sur des questions d'équité, de distribution et de justice... que notre système politique actuel n'est pas toujours en mesure de traiter. Cette crise économique, qui révèle une crise morale profonde, a commencé à mettre à nu les inconsistances entre l'apparente égalité politique et l'inégalité socio-économique protégées par l'État.

Un nombre de plus en plus grand de sociologues canadiens ont la conviction que notre système politico-économique est fondé sur une mauvaise prémisse philosophique. La démocratie libérale a un double sens: la liberté du plus fort d'écraser le plus faible en suivant les règles du marché, et une liberté effective pour tous de se servir et de développer ses propres capacités.

Un très grand nombre d'économistes et de politiciens ne semblent pas voir la contradiction qu'il y a a entre ces deux définitions d'une démocratie libérale. Notre société a tout simplement combiné ces deux définitions tout en ignorant les contradictions qu'elles renferment. En ce faisant, l'éthique et la moralité, l'égalité et la dignité de l'homme sont gravement affectés.

Les travailleurs et la crise

Suite à la déclaration «Jalons d'éthique et réflexions sur la crise économique actuelle», dont il avait été l'un des signataires, Mgr Proulx est invité à adresser la parole au congrès canadien d'orientation des Métallurgistes unis d'Amérique, le 13 mai 1983 à Québec. Il leur expose à cette occasion l'approche retenue par les évêques et leur analyse de la crise.

Comme évêques, nous ne prétendons pas au titre d'experts en science économique. Toutefois il est de notre responsabilité de porter des jugements moraux fondés sur les principes évangéliques. Nos propos reposent sur deux principes de base: l'option préférentielle pour les pauvres et les opprimés, et la dignité et la valeur du travail dans le système de production.

Vous savez tous autant que moi que la perception de la crise économique varie selon la place que vous occupez dans la société. Le membre du conseil d'administration d'une grande banque ou d'une société voit la situation d'un tout autre point de vue que le travailleur mis à pied ou le chef de famille monoparentale qui lutte pour assurer sa subsistance. En préparant notre déclaration, nous avons essayé d'analyser la crise du point de vue des victimes. C'est entre toute chose ce qui explique les réactions négatives émanant de certains secteurs.

En second lieu, nous avons traité de la nature de la crise. Elle n'est pas simplement une mauvaise période qui disparaîtra bientôt même si les ministres des finances de plus d'un palier de gouvernement affirment que la reprise est là. A nos yeux, «la récession actuelle est symptomatique d'une crise structurelle beaucoup plus profonde du système capitaliste international. Certains observateurs font remarquer que de profonds changements sont en cours actuellement dans la structure du capital et de la technologie et qu'ils auront un impact social grave sur le monde du travail.»

L'internationalisation du capital, à savoir le transfert des capitaux et de la production par les sociétés et les banques à la recherche de conditions de rentabilité optimales et de marchés lucratifs, de même que l'introduction d'une technologie de plus en plus sophistiquée, telles la robotique et l'informatisation, ne sont pas sans conséquences sociales sérieuses. S'ajoute à ces aspects la concentration accrue des moyens de production aux mains des grandes entreprises. Je n'ai pas à vous faire de dessin. La concurrence acharnée que se livrent les grandes aciéries, les pressions qu'elles imposent à leurs travailleurs à l'échelle mondiale vous sont connues.

Les conséquences à long terme de ces changements profonds, croyons-nous, seront le chômage permanent pour un nombre croissant de personnes.

Droits humains et justice sociale

A l'occasion du 35ᵉ anniversaire de la déclaration universelle des droits de la personne, Mgr Proulx, dans un texte du 8 décembre 1983, fait le lien entre droits humains et choix économiques.

Il est assez rare que l'on traite des droits humains en terme de justice économique et sociale. Les «Jalons d'éthique» se situent dans cette dimension que nous avons appris à voir comme beaucoup plus importante que par le passé. Le non-respect des droits humains élémentaires dans les pays de l'Amérique Centrale et de l'Amérique Latine, et dans un bon nombre de pays de l'Est, est directement lié à cette dimension économique qu'on aurait voulu mettre à l'écart. La protection des privilèges économiques d'une classe très riche exige la mise en place d'une nouvelle religion que l'on appelle la sécurité nationale. Tous les pays du monde sont menacés par cette nouvelle anxiété qui s'empare facilement des possédants. Nous ne pouvons pas comparer facilement des situations comme celles des États-Unis et du Canada avec certains pays de l'Amérique Latine. Toutefois, nous voyons déjà apparaître des tendances qui nous font craindre que ces droits humains auxquels nous tenons tant sont beaucoup plus fragiles que nous serions portés à le croire.

Les droits humains, comme l'avait déjà reconnu la charte promulguée il y a 35 ans, comportent une dimension économique. Au Canada, nous avons pu déplorer, suite à la récession qui nous a frappés il y a deux ans, une dégradation sensible du respect des droits quand plus d'un million et demi de travailleurs ont été forcés au chômage. La diminution de revenus pour les pensionnés, les assistés sociaux et les chômeurs a menacé gravement le développement des personnes et l'équilibre social et psychologique d'un grand nombre. Les victimes de ce chômage sont toujours vus «comme une force impersonnelle qui n'a, au-delà de sa stricte fonction économique, à peu près aucune signification» («Jalons d'éthique»). Les restrictions et les réductions quant aux budgets publics pour les soins de santé, pour l'éducation et les services sociaux en général rendent encore plus fragiles les droits humains considérés comme prioritaires dans une société développée comme la nôtre. Dans le monde développé que nous habitons, on a pris l'habitude de considérer que nous étions des modèles quant au respect apporté aux droits humains: nous nous rendons compte que ces droits disparaissent rapidement quand il s'agit de protéger les intérêts sacrés d'une puissance économique, dans notre cas, du capitalisme libéral.

Le libre-échange, à quel prix?

Lors de l'émission «Dialogue» du 21 juin 1987, à la radio de Radio-Canada, Mgr Proulx commente le guide d'animation «Le libre-échange, à quel prix?», publié par la commission des Affaires sociales de la CECC. Omettant les aspects plus techniques, nous retenons l'esprit qui animait cette intervention.

Dans le document, il y a un préjugé favorable aux plus petits, mais il y a aussi un questionnement très sérieux sur le libre-échange, afin que les citoyens sachent ce qui les attend au bout de la ligne.

Prenons, par exemple, la question des petits fermiers. On constate une tendance au Canada, avant même qu'il y ait libre-échange, à du «Big Business», où de très grosses corporations prennent toute la place dans la production des aliments. On peut s'attendre, avec le libre-échange, à ce que les États-Unis fassent pression pour que le Canada se concentre encore davantage sur un genre de culture, comme ils le font en Amérique centrale et en Amérique du sud.

A cause des tendances actuelles du Gouvernement américain, nous craignons qu'on bascule davantage dans cette tendance en négligeant les petits fermiers, les pêcheurs, les ouvriers du textile. On prévoit déjà des répercussions sur les ouvriers du textile, même si on ne connaît pas encore le détail des négociations.

(Dans cette option pour les petits), nous nous situons dans la ligne de l'Évangile, dans la lignée des prophètes de l'Ancien Testament. Nous devons écouter ceux et celles qui ont moins les moyens de se défendre, et nous leur proposons, dans ce petit instrument («Le libre-échange, à quel prix?»), de regarder comment le libre-échange peut affecter leur vie. Et s'ils sont affectés, comment ils peuvent agir sur leurs députés, sur le Gouvernement, par l'expression de leur opinion.

Derrière Mgr Proulx on entrevoit l'affiche de la campagne «Un F-18 pour la paix», le 19 octobre 1985.

La paix et
le désarmement

Premier message de paix

*Comme évêque d'Alexandria, en 1974, Mgr Proulx
adresse à ses diocésains, par l'entremise du poste de
radio CFML de Cornwall, ses voeux du Nouvel An.
Déjà s'y expriment les thèmes qui lui seront familiers.*

Le pape Paul VI commence son message pour la Journée
de la paix 1974 en ces termes: «Écoutez-moi encore une fois,
au seuil de la nouvelle année 1974. Écoutez-moi encore: je
suis devant vous pour vous présenter une prière, humble
mais instante. Vous le devinez, bien sûr, je veux encore vous
parler de la Paix.»

Et le pape continue en disant que peut-être certains diront: Pourquoi nous parle-t-il d'un sujet usé, d'un idéal
impossible à rejoindre? Il est évident que le Saint-Père traite
de ces dangers constants à la paix entre nations, mais il ne
s'arrête pas là. Il mentionne aussi ces «implacables luttes de
classes... ces cas de répression des droits et des libertés
fondamentaux de l'homme... des symptômes de dépression
ou de récession économiques».

Ce message s'adresse à notre Église, c'est-à-dire à tous les
fidèles du diocèse d'Alexandria. Nous aussi, nous avons
besoin d'écouter cette invitation à la paix, nous aussi nous
avons besoin de bâtir la paix. L'an dernier encore, dans notre
milieu, éclataient des conflits entre chrétiens. Des droits, de
l'avis même d'un arbitre objectif venu de l'extérieur, étaient

brisés. Des ressentiments, des frustrations, des querelles entre des citoyens et même entre membres de mêmes familles, ont suivi ces événements. Dans d'autres domaines également, des chrétiens se sont divisés et continuent de l'être: les pauvres restent trop souvent, au milieu de nous, des isolés et des hommes sans voix; des malades et des personnes âgées sont laissés à leur solitude, sont mis au rancart.

Si nous voulons prolonger les fruits de la fête de Noël, si nous voulons vivre notre idéal de paix, durant cette année nouvelle, nous pourrions peut-être essayer de nous réconcilier? Ce sont mes voeux à l'endroit de vous tous qui m'écoutez: je vous souhaite une Bonne, Heureuse et Sainte Année. Puisse la Paix véritable briller dans nos vies d'hommes et de chrétiens, puisse-t-elle, cette paix, régner dans vos relations avec les membres de votre famille et entre tous les membres de notre famille diocésaine!

La guerre: à quel prix?

Mgr Proulx intitule son discours prononcé à l'Université Laval, le 29 mars 1984, «La paix est fragile: quoi faire pour la sauver?» Dans ces extraits, il prend position et s'interroge sur la validité de la guerre, quelle qu'elle soit.

Il faut donc démystifier la guerre! C'est la pire des méthodes pour résoudre ses conflits. Déjà sur le plan purement humain, sur le plan pratique même, la guerre n'apporte pas les résultats escomptés. Pourtant cette méthode a été utilisée de tout temps avec une obstination quasi-bestiale. Les gains qu'elle procurait, butin, esclaves, territoire... duraient peu de temps et coûtaient extrêmement cher! Avec l'apparition de l'arme de destruction absolue que constitue la bombe atomique, la notion même de guerre profitable disparaît. Nous en sommes arrivés à une guerre sans aucune sorte d'utilité, une guerre assimilable à de la folie pure!

Les chrétiens
doivent rendre la paix possible

N'y aurait-il pas lieu de se demander si une «théologie de la paix pour les temps modernes» ne resterait pas à faire? Les lettres pastorales des différents épiscopats sont une démarche en ce sens, bien que les positions qui ont été prises ne soient pas unanimes. La théologie de la paix devra nécessairement passer par une conception englobant l'homme dans sa foi, son espérance et son amour. Pour nous, chrétiens, il s'agit de la foi au Christ, de l'espérance du Royaume et de l'amour des vrais disciples de Celui qui est Amour.

Devant le spectre de la guerre nucléaire, issue en définitive de notre méfiance, donc de notre manque de foi, d'espérance et de charité, ne nous laissons pas aller au découragement.

Les Canadiens sont peut-être les mieux placés pour faire avancer le débat et stimuler la recherche sur des solutions pacifiques aux problèmes multiples qui menacent la paix dans le monde. La réflexion théologique, une information plus grande et plus systématique, une sensibilisation aux souffrances imposées à des populations pauvres, notre héritage chrétien: ce sont là des motifs suffisants pour nous mettre à la tâche et faire que la paix soit de plus en plus possible en notre temps.

(Discours du 29 mars 1984, Université Laval, Québec.)

Qu'en est-il des guerres dites guerres de libération? Il est clair que, du point de vue objectif, ces guerres nous apparaissent de prime abord comme des guerres du genre offensif où le but à atteindre est un changement social ayant pour objectif une plus grande justice. L'on utilise alors des expressions comme «détrôner la violence mère». Pour certains, ce genre de guerre a même un fondement évangélique dans ce qu'on appelle la «théologie de la révolution». Il y a évidemment danger de confusion extrême puisque l'on mêle les positions défensive et offensive.

Nous faisons face ici à une interrogation morale déchirante. Quelle est pourtant la réelle portée de nos revendications dans ce cas? Comment poser l'équation où d'un côté nous mettons des pertes de vies nombreuses, tant chez les oppresseurs que chez les opprimés, et de l'autre, des droits fondamentaux bien sûr, et souvent des avantages matériels? (...)

L'idée de non-violence est fondée sur le sens de la justice qui est enraciné au plus profond du coeur des hommes. Ce sens inné de la justice se trouve autant chez le bourreau que chez la victime. L'homme ne peut agir que s'il justifie son action. Pour exterminer l'opposition, on évoque toujours son bon droit, le droit à la liberté, le droit à la défense, fût-il le droit à la vengeance. Même les nazis y avaient recours; il s'agissait pour eux de nettoyer le monde de tout le «mal» causé par les Juifs. (...)

L'efficacité de la non-violence pour arrêter les guerres a été démontrée à plusieurs reprises et si l'on mettait autant d'acharnement à mourir pour la paix qu'on en met à mourir pour la guerre, les résultats seraient plus spectaculaires encore.

Un F-18 pour la paix

> *Le 19 octobre 1985 était organisée une grande marche pour la paix avec le slogan «Un F-18 pour la paix». Le texte suivant (extrait du* Devoir *du 18 octobre 1985) fut publié dans plusieurs journaux.*

On a souvent cité le texte tiré du prophète Isaïe au chapitre 2: «De leurs épées, ils forgeront des socs et de leurs lances, des faucilles. Jamais nation contre nation ne lèvera l'épée; ils n'apprendront plus la guerre.»

Comme témoin de l'Évangile, je crois qu'il importe de traduire pour notre temps ces textes qui sont encore tout à fait appropriés. Aujourd'hui, on a multiplié, dans des pays comme le nôtre, des usines d'armements de toutes sortes. On parle, et avec raison, du danger d'un holocauste nucléaire.

Même si le Canada n'a pas d'armes nucléaires, nous avons mis à la disposition d'une première puissance, les États-Unis, notre territoire et une partie de nos techniques pour leur faciliter le «sur-armement». Je ne crois pas qu'il soit possible de parler de paix sans qu'il y ait, de notre côté, une volonté arrêtée de diminuer sensiblement la fabrication d'armements. C'est pourquoi notre proposition «Un F-18 pour la paix» se situe directement dans un contexte de désarmement qui se voudrait fidèle à l'invitation d'Isaïe et à l'invitation de Jésus d'être des «artisans de paix». (...)

On avait l'habitude de répéter ce slogan «Qui veut la paix, prépare la guerre». Ne conviendrait-il pas plutôt de dire: «Qui veut la paix, prépare la paix»? Dans notre société nord-américaine, les revendications des mouvements pacifistes peuvent inquiéter un certain nombre de travailleuses et de travailleurs. «Si on ne fait plus de production militaire, combien parmi nous perdront leur emploi?» «L'usine fermera-t-elle?»

C'est justement dans cette intention que nous proposons fermement au gouvernement canadien et au ministère de la Défense de consacrer la valeur d'un F-18 à une recherche sérieuse, favorable à la conversion des usines d'armements en usines autres et aussi pour favoriser, chez nous d'abord, de vastes programmes d'éducation à la paix. Plutôt que de favoriser la fabrication d'engins de mort et de répression, pourquoi ne pourrait-on pas au Canada et au Québec se lancer dans la production de biens socialement utiles pour l'ensemble de la communauté: des produits économisant l'énergie; des produits durables; des produits d'une techno-logie maîtrisable par les utilisateurs; des produits protégeant la santé/sécurité dans la vie comme au travail; des produits satisfaisant les besoins sociaux; des produits pour répondre aux besoins des populations du Tiers-Monde plutôt qu'à leur asservissement.

Dans notre société de consommation, on observe une tendance très évidente à la prolifération des armes. Cette tendance est menaçante pour l'équilibre de notre société.

Nous croyons fermement que le thème de la journée du 19 octobre peut être un déclencheur et nous permettre de changer de cap. La paix, c'est notre affaire et nous devons toutes et tous en être préoccupés.

Une marche pour la paix

Il appuie également la Marche pour la paix à l'émission radiophonique «Ce soir» du 18 octobre 1985, où il fait un vigoureux plaidoyer pour la paix. Voici le début de l'entrevue.

Nous voulons (par le slogan «Un F-18 pour la paix») mettre en pratique, pour notre temps et notre pays, le conseil des Écritures: Qui veut la paix prépare la paix. Et nous avons dans Isaïe ce beau texte: De leurs épées ils feront des charrues.

Or avec la valeur d'un F-18, nous voulons créer des emplois et faire en sorte que nos usines d'armements deviennent des usines pour la paix.

Le slogan «Un F-18 pour la paix», c'est un moyen très concret de montrer que la Journée du désarmement, voulue par les Nations-Unies, est pour nous, chez nous, un moyen efficace d'amener des changements d'attitude.

Les statistiques montrent que, de 5 milliards que nous dépensions il y a 5 ans, nous sommes maintenant rendus à 10 milliards. Ceci est vrai pour le Canada, et c'est vrai aussi à la grandeur du monde. C'est vrai pour les pays développés comme pour les pays sous-développés.

Il y a une sorte de folie, d'hystérie, qui fait qu'on continue l'armement au détriment des besoins essentiels des populations.

Des enjeux qui nous concernent tous

S'adressant aux marcheurs de «Un F-18 pour la paix» (Hull, 19 octobre 1985), Mgr Proulx explique quelques enjeux de la course aux armements et invite les personnes présentes à s'impliquer de façon concrète.

Quand les Nations-Unies ont proposé une journée de sensibilisation, on pensait à désarmer pour vrai. Mais, malheureusement, c'est le contraire qui s'est produit. Les budgets pour l'armement ont augmenté sans cesse. Ceci est vrai pour les pays développés comme le nôtre, mais c'est aussi vrai pour les pays sous-développés. D'ailleurs, ce sont les pays développés et industrialisés qui forcent pratiquement les pays sous-développés à s'armer de plus en plus.

Le seul moyen d'arrêter cette folie et cette hystérie, c'est de dire à nos décideurs d'ici que nous en avons assez et que nous voulons bâtir la paix d'une façon très concrète. C'est pourquoi des centrales syndicales et des groupes pacifistes ont proposé, pour cette année, un thème qui peut faire choc et qui doit faire choc. Pourquoi, au lieu de retenir 138 F-18 pour des fins militaires, ne commencerions-nous pas par réduire ce nombre à 137 appareils, et consacrer au moins la valeur d'un appareil, c'est-à-dire $62 millions, pour créer des emplois et commencer à faire une recherche sérieuse pour convertir les usines d'armements en usines produisant des objets favorables au développement, ici et ailleurs?

Il y a sans doute une augmentation de conscientisation ou de sensibilisation au danger d'un holocauste nucléaire. On oublie toutefois que la sophistication des armes traditionnelles rend possible la destruction de nations entières par des guerres larvées ou traditionnelles. Depuis la fin de la dernière guerre mondiale, plus de 28 millions de personnes, dont 90% sont des enfants, des femmes, des personnes âgées (non armées), sont mortes dans des guerres, dans les différentes parties du monde. Les Libanais savent de quoi nous parlons, les Palestiniens et les citoyens du Moyen-Orient le savent aussi. Les Vietnamiens, les Cambodgiens, les Afghans ont expérimenté ce que voulait dire la course folle aux armements.

Des gens nous ont reproché de consacrer beaucoup d'énergie à des rêves ou à ce qu'ils considèrent des rêves. Quand j'ai accepté avec Mesdames Francine Fournier et Claire Bonenfant d'être sur le comité national d'«Un F-18 pour la paix», j'ai tout pesé et j'ai pensé qu'il était temps d'entrer et de donner notre appui à ce genre de folie. Nos gouvernants bougeront quand il y aura suffisamment de citoyens qui accepteront de se compromettre dans des projets pacifiques. «Un F-18 pour la paix» se situe dans ce genre de projet. C'est pourquoi, après cette journée, je vous invite à écrire à votre député, au Premier Ministre, lui disant votre désir de voir se concrétiser un projet favorable au véritable désarmement. Je vous invite, vous les jeunes, à le faire aussi puisque vous êtes la génération qui paiera lourdement les bêtises actuelles concernant les budgets militaires.

Des dépenses folles

Mgr Proulx participait lui-même à la marche pour la paix, dans les rues de Hull. Gisèle Goudreault, dans Le Droit *du 21 octobre 1985, rapporte quelques propos tenus durant le parcours.*

Les Canadiens ne savent pas, dit l'évêque de Hull, quelles sont les sommes faramineuses qu'ils déboursent à chaque année pour les dépenses militaires ($10.3 milliards en 1984, dont plus du quart fourni par les Québécois, selon le Conseil du Trésor).

C'est pour cela, a-t-il poursuivi, que je considérerai que cette marche est réussie même si elle n'avait fait que sensibiliser plus de gens à la course folle à l'armement et à la nécessité de faire chacun notre bout de chemin pour la paix.

On ne sait pas, a dit Mgr Proulx en entrevue, que le budget consacré aux dépenses militaires au Canada est passé de $5 milliards qu'il était en 1980 à plus de $10 milliards en 1984.

Notre participation à l'OTAN sert constamment de prétexte à nos gouvernements pour justifier toutes ces dépenses, mais il y a des pays qui sont aussi membres de l'OTAN qui ne versent pas dans cette course aux armements et qui ne s'en laissent pas imposer.

Face au Marxisme

Je ne veux pas laisser aux Marxistes le souci du développement, le souci de corriger les oppressions. On sait très bien le danger qui guette certains pays d'Amérique centrale et d'Amérique latine, à cause surtout de la complicité ignorante des États-Unis, de basculer d'un mal dans un autre mal.

Le régime marxiste, tel que nous le connaissons en Russie et dans certains pays de l'Est, n'est pas un progrès immense sur d'autres régimes oppressifs, qu'ils soient de droite ou de gauche.

Alors, je pense qu'il y a une nécessité, pour les catholiques, au nom même de leur foi, d'intervenir dans ces situations. Ils ne doivent pas tolérer que d'autres catholiques soient complices de régimes oppressifs, comme ils l'ont été ou le sont trop souvent maintenant: par exemple les régimes de Pinochet, ceux de Marcos aux Philippines et de Duvalier en Haïti. Je frémis en pensant que des catholiques peuvent être complices de ces régimes ignobles.

(Émission radiophonique «Il fait toujours beau quelque part» du 23 décembre 1986, à la radio de Radio-Canada.)

Mgr Proulx espère pouvoir rencontrer le ministre des Affaires extérieures Joe Clark ou le premier ministre Brian Mulroney pour obtenir qu'on laisse tomber la construction d'un seul F-18 au profit de la paix.

Sans vouloir dévoiler ce qu'il ferait si le gouvernement lui accordait effectivement ses $62 millions, l'évêque de Hull a indiqué qu'il avait des projets au niveau du logement, de l'analphabétisme, de la santé, de la pollution, et qu'il démontrerait même comment on peut recycler une usine vouée à la fabrication de matériel de guerre.

Enfin, Mgr Proulx a invité les marcheurs à poser un geste de plus en écrivant au premier ministre du Canada pour lui indiquer qu'ils avaient pris part à la marche pour la paix et qu'ils étaient d'accord pour que le gouvernement consacre $62 millions à organiser la paix.

L'année internationale de la paix

Dans une interview accordée à Option paix *(janvier 1986), Mgr Proulx dégage le sens de l'Année internationale de la paix, puis il donne une définition de la paix. Voici la conclusion de cette entrevue réalisée par Denis Poirier.*

Je pense que c'est le salut de l'humanité qui est en cause. Je pense que nous courons à la catastrophe si nous continuons dans la direction actuelle.

L'année 1986 doit être une année spéciale de sensibilisation et une année où on pourra découvrir de nouveaux moyens d'action. Nous voulons que les gens se convertissent à la paix et au désarmement.

Dans les démocraties, les changements sont très lents. On ne peut forcer les gens à changer d'attitude en se convertissant à la paix d'un seul coup.

Quand on pense, par exemple, au budget élevé des familles pour l'achat de jouets à caractère militaire pour leurs enfants, on réalise combien la violence est imprégnée dans les mentalités. Ce ne sont pas les enfants qui choisissent de tels jouets, mais bien leurs parents. Certains adultes font de l'argent sur la crédulité, la naïveté et la violence.

En cette année internationale de la paix, nous devons consacrer nos énergies à l'éducation, à la non-violence dans tous nos rapports sociaux, dans nos rapports humains et dans nos rapports de nations à nations.

Pour moi, la paix est un état de relations humaines qui doivent être respectueuses de toutes les dimensions culturelles, de toutes les dimensions d'âge et les dimensions également de droit à la vie, du droit à vivre de façon digne. Cela est vrai pour les nations, et pour les individus, et les groupes à l'intérieur de ces nations.

Lutter pour la paix

Mgr Proulx a écrit la préface de «Artisan de paix», publié en février 1986 par Novalis, à l'occasion de l'Année internationale de la paix. En voici deux extraits.

Peut-on concevoir que l'homme est condamné à faire la guerre à jamais? La paix est fragile, nous en sommes persuadés. Il suffit de lire les journaux ou de regarder la télévision. Qu'est-ce qui menace la paix? Que veut dire le mot paix? Y a-t-il une conception universelle de la paix? Y a-t-il une conception chrétienne de la paix qui soit particulière? Si la paix est un bien si précieux, comment se fait-il que la guerre et la violence soient si présentes à notre monde?

Toutes ces questions nous assaillent à un moment ou à un autre, lorsque nous nous arrêtons et regardons ce qui se passe sur notre planète.

C'est Napoléon Bonaparte qui écrivait: «Il y a deux forces dans le monde, la force de l'épée et la force de l'esprit. La force de l'esprit finira toujours par vaincre la force de l'épée.» Un apôtre de la non-violence, Lanza del Vasto, disait: «Si la non-violence ne peut arrêter la guerre, rien ne pourra l'arrêter.» L'efficacité de la non-violence pour arrêter les guerres a été démontrée à plusieurs reprises et si l'on mettait autant d'acharnement à mourir pour la paix, qu'on en met à mourir à cause de la guerre, les résultats seraient plus spectaculaires encore. (...)

La paix est fragile et toutes les bonnes volontés sont nécessaires pour assurer sa présence au milieu de nous. L'homme, la femme, surtout le chrétien, la chrétienne, doit être capable de reprendre la lecture des évangiles et d'épouser l'attitude des premiers chrétiens qui rejettent la guerre, même si leur vie pouvait être mise en danger.

Serions-nous capables de donner notre vie pour la paix comme des milliers de soldats ont accepté de donner leur vie à cause de la guerre?

Quelle paix pour notre temps?

A l'Université Saint-Paul d'Ottawa, le 17 mai 1986, Mgr Proulx présentait longuement l'enseignement de l'Église sur la paix, en prenant surtout appui sur les messages du Premier de l'an du Saint-Père. Voici le résumé qu'il a préparé lui-même de sa causerie.

1. L'Église a toujours voulu promouvoir la paix, même si, dans la pratique, elle a enseigné au cours de son histoire qu'une guerre pouvait être juste. Il y a sans doute progrès dans notre temps, mais il reste que des notions de guerre juste et de libération peuvent parfois conduire à la conclusion qu'il y a encore des raisons suffisantes pour recourir à la guerre.

2. Les messages du 1er janvier de chaque année, par le pape, les différentes lettres pastorales des Conférences épiscopales à travers le monde, semblent nous indiquer une volonté manifeste de lire l'Évangile d'une manière plus fidèle qui nous conduirait à être des promoteurs infatigables de la paix.

3. Cette paix doit être fondée sur le respect des droits humains fondamentaux et sur la promotion de régimes fondés sur la justice. Si on considère l'état de ces deux éléments dans le monde actuel, on peut dire que la paix est gravement menacée ou qu'elle existe peu dans certains continents. Le danger de l'holocauste nucléaire qui est suspendu sur la tête de la race humaine doit être pour nous une invitation pressante à mettre tout en oeuvre pour nous assurer que les fondations de la paix véritable sont mises en place et fortifiées.

4. Des projets pour assurer la construction de la paix devraient naître dans toutes les nations à l'occasion de cette année internationale. Le séminar qu'a organisé l'Université Saint-Paul peut être une façon de promouvoir la paix et d'éduquer à la paix. Il devrait y avoir, au niveau des universités du monde entier et des jeunes, en particulier, une insistance sur les liens qui existent entre la paix, les droits humains et la justice.

5. L'exemple de ce qui se passe présentement en Afrique du Sud, et de ce qui s'est passé en Haïti et aux Philippines, devrait être pour nous tous un stimulant à une réflexion bienfaisante et qui conduit à des projets concrets. Je pense, en particulier, aux pressions venant de l'extérieur, de nations comme le Canada, les États-Unis, qui forceraient le gouvernement pro-apartheid de l'Afrique du Sud à modifier radicalement sa politique en ce qui concerne les droits humains.

Être artisans de paix dans notre milieu

Dans l'humélie qu'il prononçait le 4 décembre 1986 à la cathédrale de Gatineau, lors de la célébraton de la Journée de la paix, Mgr Proulx faisait le lien entre les textes bibliques et notre tâche de bâtir la paix.

Les prophètes de l'Ancien Testament ont annoncé de mille et une façons différentes la venue d'un Messie libérateur et réconciliateur. Les termes employés par eux peuvent fort bien s'appliquer aux situations que nous vivons. Ainsi le texte d'Isaïe manifeste bien qu'il y a une relation étroite entre la paix et la justice. Il parle d'un désert qui deviendra un verger. Combien de peuples sur la terre et combien de nos frères et soeurs dans les pays sous-développés souffrent parce qu'il y a des obstacles sérieux à cette transformation. Isaïe dit: «Le fruit de la justice sera la paix et l'effet de la justice repos et sécurité à jamais» (32, 17). Il y a encore, chez un très grand nombre de chrétiens, de la difficulté à comprendre ce lien étroit entre justice et paix. Pour que ce peuple dont parle Isaïe demeure dans un «séjour de paix», il faut qu'il y ait dans notre monde des conversions radicales. Il faut qu'il y ait chez nous, dans notre réalité, une volonté d'appliquer les prescriptions du prophète Isaïe pour que soit établi un règne de paix.

Saint Jacques, dans son épître, en parlant de vraie et de fausse sagesse, applique cette prescription favorisant la paix à nos situations concrètes. Saint Jacques nous dit que si nous avons au coeur «une amère jalousie et un esprit de chicane, ne vous vantez pas, ne mentez pas contre la vérité.» Il insiste: «Pareille sagesse ne descend pas d'en haut: elle est terrestre, animale, démoniaque» (3,14-15). Dans notre société chrétienne, ce comportement condamné par saint Jacques est plus courant qu'on voudrait l'admettre. Les chrétiens entre eux sont trop souvent soupçonneux, jaloux et revanchards. C'est trop souvent le climat qui peut exister dans nos communautés chrétiennes et même dans nos familles. Il n'est pas étonnant alors que le climat de paix voulu par les prophètes, par Jésus et par les apôtres soit, en quelque sorte, impossible. Sans vouloir nous culpabiliser, la paix dont parle saint Jacques doit commencer en chacun d'entre nous et là où nous sommes, famille, lieu de travail, communauté paroissiale.

Les chrétiens doivent revenir vers le signe de Jonas

Jonas a de la difficulté à croire que le Seigneur est sérieux quand Il lui demande d'aller prêcher la conversion à cette métropole violente et injuste. Il n'a pas du tout confiance dans le sérieux de cette mission qui lui est demandée. Comment peut-on espérer la conversion d'un si grand nombre de pécheurs par la prédication si faible d'un étranger qui leur parlera d'un Dieu qu'ils n'ont jamais connu? Il serait bien plus favorable à la punition, à la destruction, à la violence contre ces violents. Il sera des plus surpris quand, à la suite de sa prédication, tous se convertissent et font pénitence pour arrêter le châtiment qu'ils avaient mérité.

Comme par un retour à ce qui a fait l'originalité du christianisme à ses origines, de plus en plus de chrétiens deviennent un peu comme Jonas — sans peut-être sentir comme lui qu'ils ont cette mission à cause de leur baptême.

(La paix «in-croyable», allocution du 29 mars 1984, Université Laval.)

Lors d'une soirée bénéfice en faveur du Nicaragua, Mgr Proulx s'entretient avec Juan Salvatieva, musicien du groupe «Los Campañeros», le 9 août 1979.

Le Tiers-Monde

La situation au Salvador

Mgr Proulx répond à M. Lloyd Michael Rives, consul général des Etats-Unis à Montréal, qui a accusé le «Regroupement pour un Salvador libre» de faire le jeu des Communistes. Cette réponse a été publiée, entre autres, dans Le Devoir *du 18 février 1981.*

Bien que ne faisant pas partie du «Regroupement», en aucun moment avons-nous cru discerner le moindre facteur de manipulation extérieure venant soit de l'Union Soviétique, soit de Cuba et de groupes internationaux d'extrême gauche.

Le simple fait d'être préoccupé par les violations constantes des droits humains dans un pays qui a connu plus de 10000 assassinats politiques en un an, et dont plus de 100 000 citoyens sont maintenant des réfugiés, ne constitue en rien une affirmation de sympathie avec quelque philosophie politique que ce soit.

De plus je crois qu'il est temps que votre gouvernement cesse de reprendre à son compte les affirmations des dictatures militaires d'Amérique latine qui qualifient de «communiste» ou de «subversive» toute personne ou organisation qui n'est pas intégralement en accord avec leurs attitudes et agissements répressifs.

De plus vous accusez le «Regroupement» de faire de la propagande en faveur des forces révolutionnaires du Salvador.

Ici encore, vous reprenez les affirmations de la Junte qui affirme que qui n'est pas en sa faveur est nécessairement en faveur des «révolutionnaires». Je m'oppose à une telle déformation des réalités politiques, croyant que, sans se ranger avec une organisation politique précise, l'Église a le droit et le devoir de condamner les agissements meurtriers de la Junte et de dénoncer publiquement toute forme d'ingérence extérieure dans les affaires internes du Salvador.

Un prophète assassiné, Mgr Romero

Lors du premier anniversaire de l'assassinat de Monseigneur Oscar Romero, archevêque de San Salvador, Monseigneur Proulx prononce l'homélie suivante, le 26 mars 1981.

L'Écriture de ce soir nous plonge au coeur du drame chrétien vécu d'une manière spéciale par Mgr Oscar Romero durant sa vie et dans sa mort. Les croyants qui consultent les Écritures avec foi ne peuvent pas ne pas reconnaître l'actualité d'une Parole qui dépasse les limites de l'homme. Dans les oracles de Jérémie, nous reconnaissons volontiers les traits d'un homme de Dieu qui a été dans notre temps un prophète véritable pour son pays et pour le monde. Comme Jérémie, Oscar Romero était reconnu pour sa timidité, pour son aspect effacé. Il aurait pu dire lui aussi quand, arrivé depuis peu dans son diocèse de San Salvador, il pleure la mort tragique de l'un de ses prêtres: «Ah! Seigneur Dieu, je ne saurai parler, je suis trop jeune.» Et comme à Jérémie, le Seigneur a répondu à Mgr Romero: «Partout où je t'envoie, tu y vas... tout ce que je te commande, tu le dis. N'aie peur de personne, je suis avec toi pour te libérer.»

Mgr Romero a dû, dimanche après dimanche, jour après jour, répondre au commandement du Seigneur, et traduire dans une langue que ses auditeurs comprenaient cette Parole de Dieu vécue dans les événements tragiques d'un peuple de pauvres. Les orientations voulues par les évêques latino-américains à Medellin et à Puebla, Mgr Romero les a vécues intégralement. Comme tous les prophètes, il n'a pas eu peur d'interpeller au nom du Seigneur les puissants de son pays et les puissants du monde.

On a souvent reproché à l'Église institution, très souvent représentée par les évêques, de s'associer aux riches, surtout dans les pays du Tiers-Monde. L'exemple de Mgr Romero devrait nous donner l'espérance que cette tendance n'est pas irréversible. Comme tous les prophètes dans leur temps, et même après leur mort, Mgr Romero a été un symbole et un agent de ralliement et un signe de contradiction. Il le reste à l'heure où je vous parle. Les faux chrétiens qui veulent à tout prix sauver la chrétienté voudraient aujourd'hui nous faire croire que ce prophète à la langue tranchante était manipulé par des marxistes, car ses paroles restent encore une source d'inquiétude.

Mgr Romero, prophète des pauvres de son pays où ils sont légion et aussi prophète des pauvres du monde, avait compris et avait traduit dans sa vie que «les pauvres sont vraiment les premiers destinataires du Royaume de Dieu et qu'il doivent être aussi les constructeurs de leur propre destin». Il ne pouvait pas ne pas condamner la minorité de riches dans son pays et dans le monde qui avaient érigé leur fortune en idole.

Dans l'évangile, Jésus nous parle du mystère de la Croix. Après Jésus, des millions de martyrs au cours des âges ont illustré la vérité profonde de cette parole. Dans notre temps, nous avons été éclairés par la mort de ce juste — il devait, quelques jours avant d'être assassiné, prédire cette mort violente et, comme un digne successeur de cette génération de prophètes, il devait d'avance pardonner à ses meurtriers.

Puisse cette mort du juste produire du fruit en abondance — d'abord dans sa patrie du Salvador et dans toute l'Amérique centrale.

Puisse notre présence ici ce soir être pour nous tous un rappel de la tragédie que vivent les pauvres du monde, si souvent écrasés par les riches qui sont en réalité des contradicteurs de l'Évangile. Puisse notre présence à cette eucharistie être une continuation de la messe inachevée de Mgr Romero.

Les droits humains au Salvador

Causerie aux membres du Club Richelieu d'Ottawa, le 15 avril 1981. Il y intervient à titre de président du Comité des droits humains de la Conférence des évêques catholiques du Canada et dénonce les pratiques des États-Unis en Amérique centrale.

Toute la question de la distribution des biens et du partage est illustrée dans ce qui se passe au Salvador. On parle souvent de 14 familles qui ne veulent pas perdre leur puissance et leurs richesses.

Si nous continuons de croire les agences de propagande du Département d'État américain, et les imitations qui nous parviennent parfois de notre propre ministère des Affaires extérieures, nous allons continuer de refuser la liberté à des millions de paysans qui sont littéralement en état d'esclavage. Cet esclavage est payant et garantit la continuation de notre mainmise.

Le Département d'État américain essaie de réduire la lutte des pauvres du Salvador à une machination marxiste... Je refuse que la crainte du marxisme m'empêche de parler quand il y a une atteinte à la dignité humaine.

Au Salvador des catéchètes, des membres des communautés de base avec des laïques et le clergé, ont adopté avec courage le message de l'Évangile et ont tenté de le vivre de façon authentique dans tous les aspects de leur propre vie.

Dans une perspective vraiment spirituelle, ils ont tenté d'introduire des principes chrétiens dans l'exploitation des biens de cette terre (agriculture), dans le commerce et dans le gouvernement. Parce qu'ils ont essayé de rebâtir un pays basé sur des principes renouvelés de leur foi chrétienne, ils ont été appelés communistes, subversifs; ils ont été arrêtés, torturés, exécutés. Un archevêque, 11 prêtres, des dizaines de milliers de laïques, en plus de quatre missionnaires américains, sont morts dans ce projet gigantesque.

Droits humains au Salvador:
notre engagement est nécessaire

Mgr Proulx est invité à donner une causerie à l'Université de Moncton, le 3 novembre 1983. Il parle de la répression sévissant au Salvador et des moyens à notre disposition pour faire changer cette situation.

Nous nous demandons comment il est possible d'implanter une participation démocratique quand les dirigeants de la communauté, les responsables des syndicats ou d'organismes humanitaires sont susceptibles d'être jetés en prison, d'être torturés, de disparaître ou de se faire tuer. Comment le développement authentique, qui est l'aboutissement de la justice sociale et économique, peut-il avoir lieu quand ceux qui luttent pour l'appliquer sont victimes d'actes violents ou sont forcés de s'exiler? Les promesses de réforme du gouvernement ne peuvent être prises au sérieux tant que ses forces de sécurité continuent d'user de violence à l'endroit des dirigeants politiques de l'opposition et des organisations populaires. On ne peut considérer sérieusement que le gouvernement s'intéresse aux droits humains tant qu'il refuse d'intenter des poursuites au criminel menant à des sanctions sévères contre les membres des forces de sécurité qui sont accusés d'avoir perpétré ces actes de violence. Les promesses d'engagement vis-à-vis de la démocratie ne peuvent être prises au sérieux tant que les élections se déroulent sans qu'il soit possible à toutes les forces politiques représentatives d'y participer pleinement, et tant qu'elles sont tenues avant le démantèlement des organismes de répression.

Bien des personnes demandent ce que nous pouvons faire pour aider nos frères et soeurs du El Salvador à se sortir de leur misère. Nous croyons que nous pouvons être secourables par nos interventions, si modestes soient-elles, au niveau du gouvernement canadien et au niveau de l'information. Nous devons de plus en plus nous mettre en garde contre la propagande qui est alimentée par le gouvernement américain, qui voudrait nous faire croire qu'il s'agit toujours de méchants marxistes qui veulent renverser les gouvernements «démocratiques». Nous pouvons, par nos interventions, encourager le gouvernement canadien à marquer son indépendance vis-à-vis des États-Unis en supportant, par exemple, le groupe Contadora dans ses initiatives. Aussi le Canada devrait davantage s'intéresser aux solutions pacifiques proposées par d'autres pays comme la France, l'Espagne et certains états nordiques. Nous pouvons aussi encourager le gouvernement canadien à intensifier son opposition au renouvellement et à l'accroissement de toute aide militaire étrangère accordée aux partis en conflit au Salvador. Nous pouvons aussi insister pour que le secrétaire d'État aux Affaires extérieures entame d'une manière sérieuse des conversations avec des représentants de l'opposition salvadorienne et qu'il encourage son homologue des États-Unis à faire de même.

Nous croyons que nous pouvons influencer notre gouvernement en lui demandant d'appuyer un processus de dialogue menant à des négociations complètes entre toutes les forces politiques répressives au Salvador — reconnaissant que de telles négociations doivent comprendre des questions qui dépassent la tenue d'élections, y compris la réduction de pouvoirs des forces de répression.

Paix et justice en Amérique latine

> *Mgr Proulx est invité à participer à la rencontre interaméricaine tenue à Montréal, le 17 mars 1984. Dans son discours, intitulé «Violations des droits humains fondamentaux: essence du terrorisme», il brosse à grands traits la situation politique de l'Amérique latine.*

Chasse gardée des États-Unis depuis la seconde guerre mondiale, tout en reconnaissant la présence d'importants intérêts européens et plus récemment japonais, l'Amérique latine a été l'objet d'une attention particulière des autorités américaines qui n'ont pas hésité et n'hésitent toujours pas à intervenir ouvertement ou secrètement dans les affaires internes des divers pays du continent, allant même jusqu'au renversement de gouvernements élus démocratiquement. Le Chili et le Guatemala ne sont que deux cas.

Pour «protéger» ou pour mieux soumettre le continent, les gouvernements américains successifs n'ont cessé de brandir la menace communiste, créant de toute pièce l'idéologie de la sécurité nationale que, il ne faut pas se le cacher, ils n'ont pas eu trop de difficulté à vendre aux gouvernements latino-américains amis. Si un gouvernement hésitait ou n'obéissait pas à la stratégie conçue et déployée par Washington, on allait lui rendre la vie difficile et même favoriser son renversement. La remise en question même mineure des intérêts américains coûta cher à plusieurs gouvernements plus soucieux du bien-être de la population.

Les medias d'information nous ont fait part des découvertes de cimetières massifs secrets en Argentine qui prouvent le bien-fondé des dénonciations de plusieurs Églises et d'Amnistie internationale. Il y a même des représentants de gouvernements dont celui des États-Unis qui ont semblé «découvrir» la tragédie que les mères de la Place de Mai ont inlassablement raconté le jeudi de chaque semaine à Buenos Aires. Nous faudra-t-il attendre des découvertes analogues au Guatemala, au Salvador, au Chili pour comprendre ce qui se passe?

En terminant, je propose que tous les groupes d'Églises ou de citoyens responsables continuent de presser leur gouvernement de respecter les intérêts véritables de ces peuples martyrs et de ne plus être complices de violations aussi systématiques de droits humains fondamentaux. Il faut exiger de nos représentants que les chartes de droits humains votés aux Nations-Unies, et dans nos pays respectifs, soient aussi valides quand il s'agit de nos frères et soeurs du Guatemala, du Salvador, du Honduras, du Chili, etc. Enfin, que les États-Unis d'Amérique cessent d'agir ailleurs dans le monde comme une puissance sans âme qui dénature complètement ce qu'il y a de plus sain dans le coeur des citoyens qu'ils disent représenter. Les pays du groupe de Contadora veulent amener la paix et faire avancer la justice en Amérique centrale. Pourquoi des pays comme le nôtre et les U.S.A. ne mettent-ils pas tout en oeuvre pour que leur projet progresse et réussisse? Enfin, il ne faut pas cesser de travailler sans relâche pour informer et sensibiliser tous nos concitoyens au drame qui se joue à notre porte, et les encourager à poser tous les gestes aptes à changer radicalement une situation inacceptable.

Évêque pour le monde entier

Comment je vois mon rôle d'évêque? Bien sûr je pense qu'un évêque doit être interpellant pour les catholiques qui lui sont confiés, mais il doit également être au service d'une région, d'un pays, du monde entier. Je m'explique.

Comme évêque résidentiel, nous avons une partie du peuple de Dieu qui nous est confiée, mais nous sommes également, avec d'autres évêques, responsables du monde. Nous devrions être capables de fournir des éléments d'éclairage évangélique à d'autres personnes qui ne sont pas de foi chrétienne, qui se disent plutôt indifférentes, agnostiques ou athées. Je pense qu'il y a un service à rendre à ces personnes.

Nous sommes au service d'un monde qui doit être libéré, un monde qui a besoin d'être sauvé, un monde que Jésus est venu sauver. Et nous sommes, nous, les porteurs de ce projet de Jésus.

(A l'émission «Il fait toujours beau quelque part» du 22 décembre 1986, à la radio de Radio-Canada.)

Troisième partie

Les gestes prophétiques

Témoignage de Roger Poirier, o.m.i.

Mgr Proulx s'entretient avec le P. Roger Poirier, o.m.i., en janvier 1980, de la restructuration paroissiale de l'île de Hull.

«Avant de venir frapper à votre porte, j'ai vérifié si vous n'étiez pas encore à la télévision», lançait-on, moqueur, à Mgr Proulx. Durant toutes ces années, nous nous étions tellement habitués à le voir, à l'entendre, à le lire dans les médias québécois et canadiens. «On ne me lâche pas...», disait-il.

Mais le 22 juillet 1987, lorsque les premières pages des journaux et les premières minutes des journaux télévisés nous ont annoncé sa mort accidentelle, personne n'avait le goût de rire...

De partout au Canada ont alors surgi des témoignages, nombreux, diversifiés, affectueux même. Ils démontrent combien Adolphe Proulx, l'homme, le croyant, l'évêque et, disons-le, le prophète, était aimé.

Les pages qui suivent essaieront de tracer un portrait de Mgr Proulx, de cet homme que nous avons observé et côtoyé, à la tête de l'Église de Gatineau-Hull. Ce portrait, d'une part, sera limité par une approche subjective et, d'autre part, par une méthodologie reliée aux souvenirs et aux notes personnelles. Puissent ces pages nous permettre de conserver une image réaliste et espérante de cet homme qui a marqué profondément la vie de l'Église canadienne.

L'homme

Monseigneur Proulx était, on l'a souligné, un homme public. Mais sa visibilité ne se limitait pas aux médias. Pour se maintenir en santé et lutter contre le diabète qui le minait, l'évêque de Gatineau-Hull avait pris l'habitude d'effectuer une marche quotidienne. Tous les jours, beau temps, mauvais temps, on le voyait partir, de son bureau ou de sa résidence, pour une heure de marche dans les rues de Hull. — Je dois souligner ici que peu de gens accompagnaient Mgr Proulx tant il marchait rapidement, un vrai marathonien. — Très vite, il fit le tour de tous les quartiers de Hull. Cela lui permit de voir l'évolution des quartiers, l'état des maisons, la qualité des équipements collectifs.

Quelquefois, certaines personnes, l'ayant reconnu, l'arrêtaient, s'identifiaient, lui posaient des questions ou lui confiaient leurs problèmes. Parfois, on lui demandait des services particuliers, comme cette femme: «Monseigneur, entreriez-vous à la taverne pour demander à mon mari de sortir, il faut que je lui parle tout de suite!»

Les premiers temps, les gens se montraient surpris de le voir si simple, sans décorum, un parmi les autres. «Est-ce bien Mgr Proulx, l'homme à la casquette et au vieux coupe-vent, qui passe?...» Oui, c'était lui. L'accoutrement passait en second. D'abord marcher, observer et ensuite réfléchir sur ce qu'il voyait. Quelques mois plus tard, nous savions quels cadeaux lui offrir pour ses anniversaires: des vêtements un peu plus esthétiques. «Vous croyez que je vais être plus beau avec ce chandail? Merci beaucoup.»

Mgr Proulx, tous ses collaborateurs et collaboratrices le diront, était très facile d'accès. Nous pouvions l'atteindre 24 heures par jour. Jamais, à ma connaissance, n'a-t-il débranché son téléphone personnel.

Attentif à l'actualité, il était un lecteur assidu des journaux et revues. «J'aime lire», disait-il souvent. Il approfondissait son information par la lecture des plus récents livres d'histoire, de sociologie, de spiritualité et de littérature. Très souvent, il achetait même deux exemplaires d'un bouquin pour en faire cadeau à l'un ou l'autre de ses collaborateurs selon leurs intérêts et les dossiers qu'ils portaient.

Décontracté, il mettait tout le monde à l'aise. Son sens de l'humour et sa façon de dédramatiser les problèmes en faisaient un homme d'agréable compagnie. Aussi prenait-il toujours ses pauses-santé avec le personnel du Centre diocésain, qui se sentait très à l'aise avec lui. Il ne se réfugiait pas derrière son titre ou ses responsabilités. Il en rejetait les privilèges ou les subissait... en riant.

Malade du diabète depuis plusieurs années, il luttait avec courage contre les inconvénients de cette maladie. Il tombait souvent en l'espace de quelques minutes dans un état de coma. Il perdait alors ses moyens: son langage devenait incohérent et il perdait tout sens de l'orientation. Cela lui arrivait à tout moment, mais «ça ne m'est jamais arrivé lors d'une messe, d'une confirmation ou d'une ordination». Nous étions inquiets lorsqu'il partait seul, même pour un petit voyage. Sauf exception, il ne voulait pas de chauffeur.

Se laisser conduire le mettait mal à l'aise. Son argumentation reposait sur l'idé qu'il ne devait pas laisser la maladie le dominer. «C'est moi qui dois gagner sur la maladie», nous répétait-il souvent. Celle-ci lui jouait malgré tout des tours parce que les crises se répétaient sans cesse: ça le gênait et l'humiliait de se trouver ou d'être trouvé en état comateux. Nous nous fâchions, nous argumentions et, finalement, il concédait pour nous faire plaisir, mais il récidivait à la première occasion. «Vous êtes un évêque délinquant.» Il riait, mais nous, nous étions souvent sur les épines. Mais Dieu était avec lui parce que jamais ses états de crise n'ont été l'occasion d'accidents pour des tiers.

Distrait, l'homme de tous les jours perdait souvent, très souvent même, ses notes, nos rapports, nos mémos. Il avait l'habitude de placer ses documents dans plusieurs serviettes qu'il transportait du bureau à la maison. Il ne savait jamais où il avait bien pu oublier tel document. Parfois, il lui arrivait même d'oublier la directive donnée la veille et de la contredire le lendemain. Prenant conscience de son erreur, il devenait alors malheureux, se confondait en excuses et demandait pardon.

Prompt à la colère, Mgr Proulx s'irritait facilement devant les mesquineries et les petitesses. «Attendez que je lui parle...» Mais ça n'allait pas plus loin. Parfois, nous aurions eu le goût qu'il se fâche plus longtemps... mais sa bonté et sa charité nous ramenaient à l'ordre.

Le croyant

Selon la coutume populaire, quand on parle d'un «grand homme», on dit «qu'il n'y a pas de grand homme pour les proches». Cet adage s'applique-t-il à Adolphe Proulx? En étant le plus fidèle possible à la mémoire de l'amitié et de la collaboration quotidienne, je crois qu'on peut dire qu'Adolphe Proulx était un grand homme parce qu'il était un être humain, tout simplement. L'homme de tous les jours avait sa part de défauts et de contradictions, lot de tout être humain, fût-il prêtre ou évêque.

Mais il était aussi un chrétien animé par deux passions: celle de la primauté de la personne humaine dans la création et celle de la justice sociale. Comme croyant, une foi profonde en Jésus Christ et sa Bonne Nouvelle l'habitait.

Il se montrait fidèle à la prière. D'abord, à celle des heures du bréviaire, qu'il récitait malgré occupations et rendez-vous. Sur la route s'ajoutait le chapelet. Assez régulièrement, ses principaux collaborateurs se joignaient à lui, un matin par semaine, pour la célébration eucharistique et pour faire le point autour du petit déjeuner. C'est à l'occasion de ces célébrations que nous pouvions saisir la qualité de sa prière. Spontanée, elle jaillissait de ses rencontres quotidiennes, s'alimentait des joies et des souffrances qu'il côtoyait. Il reliait le tout à l'Écriture.

Gagné à la Bonne Nouvelle de Jésus, il croyait que l'Évangile doit d'abord se vivre. C'était sérieux et important pour lui. C'était aussi exigeant au plan de la cohérence. «De la parole aux actes», avaient déjà écrit les évêques canadiens. Tous les jours, Mgr Proulx s'efforçait, avec simplicité et humilité, de donner priorité au commandement de l'amour.

L'évêque

Sa présence quotidienne dans les rues, ses nombreuses visites pastorales, l'acceptation de toutes les invitations, surtout pour encourager une oeuvre ou une organisation, ont fait que Mgr Proulx a été reconnu comme un homme simple, capable de rire et de compatir. Un évêque drôle et humain. Sans doute comparable à l'expression de la Sagouine qui souhaitait avoir un évêque capable de «caller les danseurs du samedi soir». Mgr Proulx n'est pas allé jusque-là, mais on a reconnu chez lui cette qualité de la joie et du bonheur.

Le journal *Le Droit* et les médias électroniques ont fait un écho spontané à ce que l'on reconnaissait chez lui. «Je sais qu'il aurait fait de la prison pour ses opinions»… «Il n'a jamais ménagé la chèvre et le chou»… «Il représentait un pouvoir qu'il aurait pu utiliser, mais il s'en est toujours tenu à aider les opprimés» (Normand Dussault). «Il avait bon coeur» (Pierre Charette). «Pour un évêque, je le trouvais simple et chaleureux» (Angéline Degagné). «Il était de l'avant-garde et ce qui le caractérisait, c'est qu'il prenait facilement la parole en faveur des pauvres» (Marie Gratton-Boucher).

Les organisations sociales, fort nombreuses au Québec, ont également reconnu le rôle et les qualités de celui qu'on a spontanément nommé «le porte-parole des sans-voix». «La souffrance et l'oppression touchaient les fibres les plus intimes de son être.»

«Présent partout», ont souligné avec justesse les médias. Plusieurs organismes non reliés à l'Église ou à une activité pastorale ont déclaré avoir «perdu un ami» parce qu'il était «au service des hommes pour leur dignité». «Le milieu populaire perd un ami de première classe. Il avait un parti-pris sans équivoque pour les victimes de la société», écrit Bill Clennett dans le bulletin du Front d'action populaire en réaménagement urbain (FRAPRU).

Ces attitudes, ces réactions, trouvent leur source dans ce qu'écrit Guy Paiement, dans la revue *Relations:* «Partout où il passait, il laissait un espace pour l'espérance»... (il était) «un frère attentif aux souffles de l'Esprit et capable de cautionner ce qui lui semblait aller dans le sens de l'Évangile.»

L'Évangile, pour Mgr Proulx, appartenait au peuple de Dieu. Aussi n'est-il pas étonnant que l'évêque ait accordé une telle importance à la participation des laïcs dans son diocèse. Il était sans cesse à l'écoute de ses collaborateurs et collaboratrices. Il trouvait le temps de nous recevoir, d'écouter nos questions et nos points de vue sur les dossiers que nous portions avec lui. Nous ressortions de ces rencontres avec des orientations, des directives, mais surtout avec des appuis: «Vas-y, fais ça, c'est bon, c'est correct» et, comme nous quittions, il répétait inlassablement: «Merci pour tout ce que tu fais pour l'Église, pour le diocèse, pour moi.» Il nous communiquait sa certitude que nous étions importants.

Chaque jour, son agenda débordait de nombreux rendez-vous. Très souvent, il nous téléphonait: «Peux-tu venir, je suis avec quelqu'un; j'aimerais ça que tu sois informé et que tu nous donnes ton point de vue.»

Son courrier devenait de plus en plus volumineux. Parfois, il nous refilait un problème soumis par son correspondant, mais toujours il répondait à toutes les lettres qu'il recevait.

Mgr Proulx reconnaissait la tâche difficile des prêtres: le sacerdoce ministériel se veut service. Jamais il n'a accepté des accusations ou des dénonciations sur ses prêtres, sans exiger des faits concrets. Les ouï-dire n'avaient aucune valeur et les lettres anonymes prenaient directement le panier.

Le prophète

Porte-parole des évêques sur les questions sociales, il était devenu, au fil des années et de ses engagements, la personne-référence pour la défense des petits, des marginalisés. Maintes fois je me suis fait dire par les gens rencontrés sur la rue ou en réunion: «Tu diras à Monseigneur que ce qu'il a dit, ce qu'il a fait, c'est correct, c'est ça, je suis d'accord avec lui.» Il se réjouissait de tels rapports, mais jamais il ne s'en enorgueillissait. Quant aux gens qu'il dérangeait, ceux-là écrivaient des lettres ouvertes dans les journaux ou se plaignaient auprès du Pro-nonce. Si on lui demandait un rendez-vous pour exprimer une dissidence, il acceptait volontiers de dialoguer et de comprendre le point de vue de l'autre.

Cette responsabilité de porte-parole était très exigeante. Deux questions l'ont projeté particulièrement sur la place publique. D'abord, la publication, en 1983, de la lettre pastorale «Jalons d'éthique» sur l'économie canadienne, puis les journées d'étude de l'Assemblé des évêques du Québec sur la question des femmes dans l'Église. Sur chacun de ces sujets, Mgr Proulx — du côté anglophone ce fut Mgr Remi De Roo — a été accaparé pendant plusieurs mois.

Mgr Proulx ne se prenait pas pour un prophète. Il répondait, honnêtement, à ce que chaque jour lui apportait de questions, d'inquiétudes, d'engagements. Il était conscient que ce qu'il disait et faisait était important pour bien des gens.

Il est facile, après treize ans d'épiscopat, de qualifier Mgr Proulx de prophète. Il est intervenu tellement souvent pour dénoncer, à la manière de Jérémie, l'ordre social existant et, en même temps, proclamer l'émergence d'un ordre nouveau. Aussi, il est intervenu comme Isaïe pour redonner l'énergie et la confiance à ceux que la société marginalisait et exilait. C'est ainsi que le mouvement populaire et le mouvement ouvrier se sont sentis appuyés dans leurs revendications. Dans cette perspective, Mgr Proulx était sensible aux mouvements sociaux, dans lesquels il percevait les souffrances de ceux et celles qui étaient exploités, dominés, opprimés. En même temps, il percevait les aspirations, les rêves, les bonheurs recherchés par les souffrants.

Après treize ans d'épiscopat, on peut voir une continuité dans ce que Mgr Proulx a été comme prophète dans notre monde. Mais au départ, son intervention prophétique a été liée à des événements locaux et internationaux très concrets. Trois gestes prophétiques méritent d'être aujourd'hui rappelés pour bien situer le pasteur qu'il a été.

En 1975, Mgr Proulx appuie publiquement les dénonciations faites par un jeune étudiant sur la situation faite à des personnes âgées dans un foyer privé de la région d'Aylmer. Monseigneur, dans un premier temps, dénonce avec vigueur la situation de misère et d'exploitation de ces vieillards. Il n'hésite pas à condamner l'incurie des services publics. Puis, dans un deuxième temps, il offre son évêché pour reloger ces personnes. A Québec, certains ministres et fonctionnaires n'apprécient guère cette intervention. «Qui est-il, au juste? Pour qui se prend-il?» Je me souviens d'un téléphone m'adressant des propos particulièrement violents et injurieux à l'endroit de Mgr Proulx.

Le deuxième événement se situe autour de la vente d'un édifice semi-public, qui était évalué à 300 000$. Des hommes d'affaires l'achètent pour 25 000$ d'une communauté de religieuses dont ils sont les conseillers, et le louent par la suite pour 48 000$ par année au Conservatoire de musique. Naïveté des religieuses et bonne affaire pour leurs conseillers économiques. Monseigneur déclare que la conduite de ces gens d'affaires est inacceptable et immorale, même si c'est légal. Mgr Proulx a reçu, bien entendu, la visite des personnes concernées, choquées d'être ainsi accusées publiquement. Il a écouté et expliqué sa façon de voir mais n'est pas revenu sur son jugement.

Le troisième incident concernait la campagne de boycottage des raisins de Californie. «Premier sur la ligne de feu.»

Je me rappelle ici ce que je crois être la toute première marche dans les rues qu'il ait faite dans la région. C'était pour accompagner Cesar Chavez, de passage à Ottawa. Peut-être était-ce la première marche de protestation de sa vie? Je ne sais pas. De plus, la situation était délicate puisqu'il fallait se rendre à Ottawa, sur le territoire d'un autre diocèse. Pour être fidèle à sa conviction que la cause des travailleurs de Californie était juste et urgente, il s'est joint simplement aux manifestants, mais limitant au territoire de Hull son appui par un discours. En évitant de parler à Ottawa, il voulait ainsi respecter son confrère dans l'épiscopat. Malgré la délicatesse de la situation (en région frontalière, cela arrive souvent), Mgr Proulx est allé de l'avant. Il y allait de la dignité des travailleurs mexicains.

Certains actes sont prophétiques en soi. D'autres ne sont pas évidents: il faut les expliquer par la parole. Les prophètes proclament par la parole, mais aussi par la manière dont ils vivent.

Adolphe Proulx a été tout cela. Se sachant homme et croyant, il a écouté, aimé et agi. Se sachant croyant et pécheur, il savait pardonner et comprendre. Se sachant disciple de Jésus et successeur des apôtres, il confectionnait, selon l'expression de Mgr Hubert, son agenda en fonction des gens concernés par les Béatitudes.

Quatrième partie

L'inspiration évangélique

Lors de son séjour à Ottawa-Hull, en septembre 1984, le Pape Jean-Paul II remet des souvenirs de sa visite. Toutes les interventions sociales de Mgr Proulx, comme celles du Pape, s'inspirent de l'Évangile.

L'amour apporté par Jésus doit devenir un combat pour la justice

Allocution donnée au club Richelieu de Hull, le 16 décembre 1975.

A quelques jours de la fête de Noël, vous avez invité l'évêque de Hull à vous adresser la parole. Pourquoi? Dans le monde qui est le vôtre, les considérations sur l'inflation, les contrôles des prix et des salaires, le chômage, l'incertitude de l'économie, tout cela doit vous préoccuper, sinon vous inquiéter. Malgré tout, vous êtes disposés à entendre un autre discours dans l'espérance, peut-être, d'avoir un éclairage qui vous aidera à mieux situer les situations que vous vivez.

A l'approche de Noël, où nous célébrons un événement encore extraordinaire et encore éblouissant après 2 000 ans, que signifient pour vous Jésus Christ, l'Église, la Parole de Dieu? Le rôle d'un évêque comme d'un prêtre est d'essayer de servir ses frères en Église en élucidant par sa parole et par son action un peu du mystère de la présence de Jésus Christ au milieu de notre temps.

Plusieurs chrétiens sont nostalgiques. Ils voudraient vivre une foi historique. Ils voudraient retrouver la quiétude d'une Église confinée à nous rapporter fidèlement les faits et gestes d'un Jésus perdu dans l'histoire. Comme les Juifs du temps de Jésus, plusieurs chrétiens d'aujourd'hui voudraient bien qu'on conserve un musée dans lequel on pénètre avec respect, en silence, sans déranger le voisin et surtout sans être dérangé… par ce qui se dit. Nous voudrions bien que la personne de Jésus Christ et son enseignement unique ne soient pas aussi incisifs. Nous aimerions bien, surtout quand on a acquis un certian confort matériel et un certain niveau social, que l'on ne trouble pas notre conscience.

Ce Jésus qui est venu il y a 2 000 ans n'est pas un personnage de mythe. Il est ressuscité, il est vivant et agissant dans son Église. Il agit par l'Esprit qu'il envoie et par de pauvres instruments que sont les hommes. C'est lui, Jésus, qui a parlé d'amour avec le plus de vérité. Les autres discours sur l'amour sont bien pâles à côté du sien. Quand Jésus parle d'amour, il signifie justice. C'est pourquoi les évêques réunis en Synode peuvent sans hésiter déclarer: «L'Amour est avant tout exigence absolue de justice, c'est-à-dire reconnaissance de la dignité et des droits du prochain» (3ᵉ Synode des évêques, 1971, «La justice dans le monde», Montréal, Fides, p. 6). Ce n'est pas une demi-mesure. Quand un chrétien dit qu'il aime, il doit viser à l'idéal proposé par Jésus et fidèlement rapporté dans une traduction pour aujourd'hui par les évêques. Combien de catholiques ont le scandale facile quand ils entendent Dom Helder Camara, Dom Antonio Fragoso réclamer avec insistance ce genre d'amour pour ses frères, amour que le Christ a voulu! Combien de catholiques ont le coeur aussi dur que les Pharisiens du temps de Jésus en faisant ce qu'ils considèrent «de la charité» ou «de bonnes oeuvres» quand leur panier de Noël est à peine une partie de l'intérêt qu'ils doivent en justice à des frères qu'ils prétendent aimer? Combien de catholiques d'ici calment leur conscience en donnant «leur petit change» aux campagnes de charité, mais se balancent royalement des injustices commises sous leur nez contre des ouvriers injustement traités par leurs employeurs, souvent expropriés au nom du progrès des autres, et quand ils deviennent vieux, relégués dans des prisons dorées ou dans des taudis infects loin des regards des bien nantis! Combien de gens bien se sont scandalisés parce que des évêques, des prêtres, des laïques ont manifesté leur solidarité à l'endroit d'ouvriers mexicains de la lointaine Californie et ont cessé d'acheter des raisins et de la laitue! Combien de fidèles se demandent avec inquiétude que devient l'Église quand des évêques disent et je cite: «Le Dieu vivant nous appelle à une vie de prise en charge, d'économie et de partage des ressources limitées de notre planète» (Le partage, Message de la Fête du Travail, 1972).

L'amour que ce Jésus est venu expliciter à ses frères, les hommes, devient de son temps et doit devenir de notre temps pour tous ceux qui veulent se laisser changer, un véritable combat pour la justice. C'est encore ce que nous disent les évêques en Synode en 1971: «Le combat pour la justice et la participation à la transformation du monde nous apparaissent plcinement comme une dimension constitutive de la prédication de l'Évangile qui est la mission de l'Église pour la rédemption de l'humanité et sa libération de toute servitude oppressive» (3e Synode des évêque, 1971, «La justice dans le monde», introduction).

Aussi longtemps que nos principes d'amour du prochain et de justice – ce qui est tout un dans le vocabulaire authentique de Jésus – s'adressent au Tiers-Monde, nous ne nous sentons pas trop inquiets. Mais quand nous essayons sérieusement de déplacer notre regard et que nous voyons ce qui se passe littéralement sous notre nez, nous commençons à être mal à l'aise! Les grands prophètes du Tiers-Monde nous l'ont charitablement rappelé à chaque fois qu'ils nous ont visité: Que faites-vous pour appliquer les principes de l'Évangile à votre propre Tiers-Monde, celui qui est chez vous au Canada? Des gens nous disent: «Ah, c'est différent ici; c'est une société libre, même qu'elle prétend être juste.» Cependant, il y a des choses difficiles à expliquer: de l'exploitation, il y en a ici – à partir des «freak shows», en passant par la spéculation vertigineuse dans nos villes – par le scandale de non-politique en habitations, causes de dénatalité désastreuse pour notre société de délinquance ascendante — de petites injusticcs en progression géométrique.

Pourtant ce Jésus que nous attendons et qui vient nous propose certaines solutions. Il veut que nous devenions accueillants et simples dans notre approche de la vérité qu'il nous soumet et de l'amour qu'il veut que nous apprenions à partager. Son Royaume déjà en gestation dans notre monde exige notre conversion sur tous les plans. Malgré ce que nous pouvons penser, cette conversion est possible, et possible pour chacun d'entre nous. Elle est illustrée, cette conversion, chez un certain nombre de nos frères qui ont changé leur échelle de valeurs et qui ont créé dans leur milieu d'action ou de vie un esprit nouveau.

Nous sentons tous que le monde dans lequel nous sommes est appelé à se transformer, qu'il est en prériode de mutation profonde. Nous savons que ces changements causent toutes sortes de remous dans notre société et nous sommes dans l'incertitude au sujet de l'avenir. Le chrétien doit accepter d'être un artisan du changement mais avec une option radicale pour l'établissement d'une société véritablement plus juste.

En vous souhaitant Joyeux Noël, je formule le voeu que nous acceptions tous de changer selon l'Esprit du Christ qui nous a été donné et qui nous est donné d'une manière spéciale en ce temps-ci de l'année.

«Les pauvres et les sans-voix sont la route de notre salut»

Allocution donnée au club Richelieu de Thurso,
le 5 mai 1976.

Dans cette première rencontre avec vous, je voudrais me présenter tel que je suis et tel que j'envisage mon rôle dans l'Église et dans la société. Il est opportun, je crois, de dissiper certains mythes au sujet d'un leader en Église, mythe que les manchettes de journaux ont tendance à développer peut-être, même involontairement.

Qui suis-je? Je suis d'abord un chrétien, membre d'un peuple de croyants. J'essaie de me situer comme chrétien avec les chrétiens. J'essaie de vivre le mieux possible l'engagement baptismal qui m'a marqué dès mon entrée dans le monde. Mais, à la suite d'un cheminement où ont joué des influences variées au sein de ma famille, de ma paroisse et de différentes institutions, j'ai senti, librement, un appel à servir dans le sacerdoce ministériel, mes frères et soeurs en Église. Ensuite, dans ce cheminement, est intervenu un autre appel, celui d'assumer le pastorat d'une Église locale. C'est ainsi que pour vous, maintenant, je suis évêque, celui à qui a été confiée la responsabilité pastorale du peuple de croyants qui habitent ce territoire que l'on appelle le diocèse de Hull.

Il est facile pour les croyants d'aujourd'hui de se faire une idée d'un évêque comme étant celui qui doit limiter son action à l'intérieur de l'Église et à l'intérieur des églises. Il ne faut pas se surprendre si même des hommes publics voudraient limiter le rôle de l'évêque à réglementer la vie dans les sacristies de son diocèse ou dans son évêché! De nombreux fidèles ont également ce sentiment que l'évêque doit se limiter à un secteur seulement de la vie des hommes, en évitant à tout prix de les déranger dans leur comportement social, politique ou économique. De nombreux chrétiens pensent et agissent comme si le Christ n'avait pas vécu dans le vrai monde de son temps, comme s'il n'avait jamais émis une opinion sur les événements qui se déroulaient dans les villes de Galilée et de Judée. L'enseignement de Jésus n'a pas fait abstraction du contexte social et politique dans lequel il a évolué. Un évêque, un prêtre collaborateur de l'évêque, doit s'efforcer de modeler son action et son enseignement sur l'action et l'enseignement de Jésus. Comme les disciples sont loin d'être toujours à la hauteur de leur mission, il arrive sans doute que des évêques et des prêtres puissent errer dans l'expression de certaines opinions puisqu'ils ne sont pas en possession tranquille de l'Esprit Saint.

Promotion de la justice sociale

Dans le «Directoire des Évêques en leur ministère pastoral», publié par la Curie Romaine, on lit ceci: «L'évêque a particulièrement conscience du devoir qu'il a de former l'Église qui lui est confiée au sens de la justice sociale, nationale ou internationale. En effet, «la vie quotidienne du fidèle est comme un levain évangélique au foyer, à l'école, au travail, dans la vie sociale et civile, et c'est là la contribution spécifique des chrétiens à la justice. A cela s'ajoutent les prévisions et les significations qu'ils peuvent apporter aux tâches humaines. En conséquence, l'éducation à donner doit être telle qu'elle apprenne aux hommes à vivre leur vie pleinement et en conformité avec les principes évangéliques de la morale personnelle et sociale, exprimée dans un témoignage chrétien vivant» (N° 129a, citant le document du Synode 1971, «La justice dans le monde»).

C'est en conformité avec l'enseignement de Jésus Christ que les hommes d'Église doivent être les défenseurs des plus pauvres dans notre société. Un éminent théologien protestant, Karl Barth, traduit de la même façon cet élément premier de l'enseignement de Jésus Christ. «L'Église, écrit-il, témoigne du fait que le Fils de l'Homme est venu pour chercher et sauver ceux qui se perdent. Et cela implique – au risque de paraître manquer d'impartialité – que l'Église doit d'abord concentrer ses efforts sur les déshérités de la société. Les pauvres, les socialement et économiquement faibles et sans sécurité feront toujours l'objet de ses premières et particulières préoccupations et elle insistera toujours sur la responsabilité spéciale de l'État envers ses membres plus faibles de la société.»

Les faims dans le monde

Le pape Paul VI a suggéré le thème des «Faims dans le monde» pour le Congrès Eucharistique International de Philadelphie au cours de l'été prochain. A mon sens, c'est un sujet qui doit interpeller vivement tous les chrétiens. En bons consommateurs que nous sommes, nous acceptons trop docilement que dans notre société il n'y a plus de pauvres. On qualifie facilement les assistés sociaux de paresseux; les délinquants ou les ex-prisonniers, d'incurables; on place des personnes âgées dans des Foyers d'hébergement et on les y oublie; les plaintes de groupes de citoyens, qu'il s'agisse des expropriés ou des exploités des multinationales, ne nous touchent guère et même nous laissent souvent indifférents. Dans un quotidien d'hier, je lis sous une photo l'information suivante: «Agé de 75 ans, M. Charles Turcotte nourrit des sentiments révolutionnaires parce qu'il doit payer un loyer mensuel de 140$ alors qu'il ne retire que 222$ par mois de sa pension de sécurité de vieillesse.» Je pourrais continuer ainsi pendant des heures à énumérer des cas pathétiques qui sont autant d'individus, jeunes et vieux, qui souffrent de toutes les faims.

Dans son diocèse, l'évêque a pour mission d'éveiller, parfois de bousculer, souvent de choquer. Ses prises de position ne peuvent pas être toujours comprises du premier coup, d'autant plus qu'elles sont véhiculées par des techniques d'information soumises à toutes sortes de contraintes. C'est pourquoi il est important que je dise quels sont les motifs qui me poussent à poser certains gestes. C'est pourquoi il est important que les chrétiens membres de mon

Église soient soucieux, à travers les complexités de certains problèmes, de découvrir la ligne directrice qui me motive et me pousse à agir.

Le souci des pauvres, des sans-voix

Des personnes me reprochent d'être un agent de division parce que j'exprime certaines opinions, parfois avec force! Il semble ironique que la devise que j'ai choisie quand je suis devenu évêque soit tirée de l'évangile selon saint Jean: «Que tous soient un»! L'unité des chrétiens ne peut pas être édifiée sur le mensonge ou sur un bon-intentionisme neutre. Jésus voulait l'unité de ses disciples, mais cela ne l'a pas empêché de parler des «hypocrites» et des «sépulcres blanchis», ni de chasser les vendeurs du temple! Il est évident que personne n'aime à se faire remettre en question: Qu'as-tu fait du vieillard parqué dans un foyer d'accueil mal organisé? Quand as-tu visité cette personne âgée la dernière fois? Quand as-tu pensé à élire des hommes capables d'assurer des lois plus justes dans nos différents parlements? Quand t'es-tu intéressé vraiment au sort des assistés sociaux, nos blessés de guerre, victimes d'une société de plus en plus axée sur des profits? Quand t'es-tu contaminé en acceptant l'ex-prisonnier dans ton voisinage ou l'ex-drogué qui veut rebâtir sa vie?

Jésus nous apprend que les pauvres seront toujours avec nous. Mais pour les voir il faut s'ouvrir les yeux. Il faut, pour nous aider à voir, et à aimer, des hommes, des femmes qui nous interpellent. C'est le cas d'une Thérèse de Calcutta. C'est le cas d'un Jean Vanier. C'est le cas, j'en suis assuré, d'un bon nombre de chrétiens.

Mon inquiétude, c'est que nos chrétiens deviennent sourds et aveugles. A ce moment, leur salut est en danger. Car voyez-vous, les pauvres et les sans-voix sont la route de notre salut. Mais pour cela, il faut les aimer, les aimer assez pour risquer de perdre sa réputation. Les aimer assez pour désirer d'un vouloir dynamique que notre société change pour mieux les accueillir.

Mgr Proulx se sentait de grandes affinités avec Mgr Helder Camara, qu'il a visité au Brésil et accueilli dans son diocèse.

Les pauvres et l'Église

Discours prononcé au congrès de l'Entraide mission-naire, tenu du 8 au 10 septembre 1978.

On a voulu inviter un évêque pour conclure cette fin de semaine consacrée au thème «La Bonne Nouvelle aux Pauvres». Je n'ai pas l'ambition d'égaler les excellentes présentations que vous avez eu le bonheur et l'audace d'entendre. Ma contribution sera modeste mais elle veut être un écho des Évêques du Celam réunis à la Conférence latino-américaine de Medellin en 1968 et aussi un rappel, du moins dans ses grandes lignes, de l'enseignement de l'épiscopat canadien.

D'abord je me situe comme un évêque dans une Église locale consciente de sa faiblesse devant la misère d'un grand nombre de ses fils et de ses filles, victimes de situations sociales qui illustrent le désordre actuel de notre société. Et aussi, comme un de ceux, parmi d'autres, qui ont oeuvré au sein d'une commission d'évêques pour présenter au peuple canadien une réflexion évangélique plutôt inquiétante du sort réservé à nos pauvres. Je voudrais être la voix également des prêtres et des laïques de mon milieu qui sont constamment interpellés par, non pas les pauvretés, mais les pauvres en chair et en os présents dans notre milieu.

Je sais que le P. André Myre, s.j., vous a parlé du «Dieu des Pauvres». Je ne voudrais pas tenter de reprendre son exposé ni d'en minimiser l'impact, mais je voudrais bien me situer dans la ligne de fidélité à l'Écriture. Or, quand je relis la Bible, face aux milieux que je connais, soit pour les avoir fréquentés ou en avoir entendu parler pour ce qui est du Tiers-Monde, je ne puis m'empêcher d'arriver à certaines conclusions qui m'apparaissent évidentes. Voici ce que cette lecture me révèle:

1. Loin de vouloir la misère (l'extrême pauvreté), Dieu veut et promet la vie et même la vie en abondance.

Ce bref tour d'horizon part du rêve de Dieu tel qu'il s'exprime dans les textes législatifs du Pentateuque, chez un prophète comme Isaïe et Job; nous pouvons ensuite voir comment Jésus a voulu vivre ce rêve de Dieu et comment la première communauté chrétienne a interprété dans la vie de tous les jours l'enseignement et l'exemple que lui avait laissés Jésus.

L'Ancien Testament dans sa quasi totalité pivote autour de la Promesse que Dieu fait à son peuple, et presque tout le Nouveau Testament part de l'idée qu'en Jésus ce sont les promesses de Dieu qui s'accomplissent (2 Cor 1, 20). Et toutes les promesses de Dieu ont trouvé leur OUI dans sa personne. Aussi est-ce par lui que nous disons Amen à Dieu pour sa gloire.

Ces promesses que Dieu fait à son peuple se caractérisent par un PLUS, si on veut parler en catégories de plus/moins:
— promesse à Abraham d'un héritier, d'une descendance nombreuse, d'une terre...
— promesse à David d'un Oint, d'un Messie pour conduire le peuple...

Dieu ne veut *jamais* le «moins» pour son peuple, il veut toujours le «plus». Dieu ne veut pas la mort de son peuple: il veut qu'il vive et soit heureux. Le peuple a quelque chose à faire pour la réalisation de cette promesse: les prophètes n'ont pas manqué de souligner que si le peuple connaissait la misère ou la difficulté, c'est qu'il y avait quelque chose de détraqué dans les relations entre Dieu et son peuple, quelque chose de radicalement faux dans les relations entre les membres du peuple élu lui-même. La promesse de vie rattachée à l'obéissance de la volonté de Yahvé ressort bien dans deux textes choisis entre plusieurs.

Dans le Deutéronome, par exemple, on lit (Dt 8, 1): «Vous garderez tous les commandements que je vous ordonne afin que vous viviez, que vous vous multipliiez et que vous entriez dans le pays que le Seigneur a promis par serment à vos pères et le possédiez.»

A celui qui est fidèle, Dieu ne ménage pas ses dons: c'est du moins l'impression qu'on retire de la vie de Job qui après une vie de fidélité au Seigneur se voit comblé de biens. «Et le Seigneur restaura la situation de Job... Le Seigneur accrut au double tous les biens de Job» (incidemment, il aura 7 fils et 3 filles qui ont des noms très populaires comme Cinnamome, Tourterelle et Corne à fard!).

Parce qu'il est venu accomplir ces promesses, Jésus se devait de proclamer l'arrivée des temps nouveaux dans des termes de «plus» lui aussi. «Il est venu pour la vie» comme le dit un chant populaire dans des groupes chrétiens. En Jean 10, Jésus se compare au Bon Pasteur qui est venu pour que ses brebis aient la vie et l'aient en abondance.

Ce n'est pas facile de croire que c'est la vie qui est promise, quand des peuples entiers, comme c'est le cas de nos frères et soeurs de certains pays d'Amérique latine et d'Afrique et comme notre Tiers-Monde d'ici, quand on souffre. Ce n'est pas en Dieu qu'on doit désespérer – lui, il reste fidèle – c'est tout simplement qu'on a dû «mal comprendre». Dieu, nous dit-on dans certains milieux, même chrétiens, veut la vie... mais pas pour tout de suite – c'est pas possible quand on regarde ce qui nous entoure ou ce que l'on vit – mais pour plus tard, pour demain, pour après-demain, pour après la mort... C'est en réponse à cette interprétation que je me permets de rappeler deux choses.

Tout d'abord, avec la résurrection de Jésus, les promesses sont accomplies, le salut est acquis, la vie éternelle est déjà commencée... Ensuite quand Jésus parle de sa mission, il ne parle pas d'un avenir plus ou moins lointain: il parle de l'immédiat, de notre aujourd'hui.

A preuve ce discours dans la synagogue de Capharnaüm au début de son ministère: «On lui donna le livre du prophète Isaïe, et en le déroulant, il trouva le passage où il était écrit: «L'Esprit du Seigneur est sur moi parce qu'il m'a conféré l'onction pour annoncer la Bonne Nouvelle aux pauvres, Il m'a envoyé proclamer aux captifs la libération et aux aveugles le retour à la vue, renvoyer les opprimés en liberté, proclamer une année d'accueil par le Seigneur.» Il roula le livre et leur dit: «Aujourd'hui, cette écriture est accomplie pour vous qui l'entendez...» (Lc 4, 18).

2. La seconde affirmation, qui découle de la première, c'est la suivante: Si Dieu veut la vie, il veut les conditions nécessaires à la vie.

Si le Seigneur veut la vie et même la vie en abondance, les prophètes ont compris que le Seigneur veut les conditions nécessaires pour que cette vie existe: c'est ce qu'affirme Isaïe dans le texte que je viens de lire.

Les prophètes ont également compris qu'avant les sacrifices, Dieu veut les conditions nécessaires à l'épanouissement de la vie: «Vous avez beau multiplier les prières, moi, je n'écoute pas. Vos mains sont pleines de sang, lavez-vous, purifiez-vous. Otez votre méchanceté de ma vue. Cessez de faire le mal. Apprenez à faire le bien, recherchez le droit, secourez l'opprimé, soyez juste pour l'orphelin, plaidez pour la veuve...» (Is 1, 15).

De même, dans les législations du Deutéronome (qui remontent au 8e, 6e siècles avant Jésus Christ, du temps du texte que je viens de lire), on retrouve des dispositions claires en vue de protéger les esclaves ou les travailleurs contre les abus des maîtres: il est évident que les législateurs voulaient protéger les individus dans leur vie d'ici-bas et non pas dans une lointaine vie éternelle.

Ces institutions comme le sabbat (Dt 5, 12-15, code de Sainteté, 6e s.), la remise des dettes à tous les 7 ans (Dt 15, 1-3, code d'Alliance), ou encore l'année du grand Pardon à tous les 50 ans (Lev 25, 8-54, code de Sainteté), sont comme des points de repère, des signes, des temps forts pour rappeler au peuple que le Seigneur veut éviter l'exploitation injuste des travailleurs.

A titre d'exemple, il est dit que le sabbat a été fait «afin que ton serviteur et ta servante se reposent comme toi... » (Dt 5, 12-15). Et dire que les tenants méticuleux de la Loi ont tellement déformé l'institution que Jésus a dû affirmer 600 ans plus tard: «Le sabbat est fait pour l'homme et non l'homme pour le sabbat.»

Ces institutions étaient dans l'esprit des législateurs un rappel constant du grand rêve de Dieu formulé sans équivoque en Dt 15, 5: «Il n'y aura pas de pauvres chez toi tellement le Seigneur t'aura comblé de bénédictions dans le pays qu'il te donne en héritage. S'il y a un frère pauvre chez toi... tu n'endurciras pas ton coeur et tu ne fermeras pas ta main à ton frère pauvre... »

Même si c'est là le rêve de Dieu, la situation qui prévaut de tous temps est rappelée quelques versets plus loin: «Il ne cessera pas d'y avoir des pauvres au milieu de toi» (Dt 15, 11). On sait que cette idée est reprise en Mc 14, 7; cela voudrait-il dire qu'il ne vaut pas la peine de faire des efforts pour enrayer la pauvreté? C'est ce qu'on a trop souvent pensé. Ceux qui ont pensé cela ont fait une interprétation erronnée de l'Évangile en regard de ce que Jésus a fait lui-même.

3. Jésus s'est identifié à l'action en faveur des petits

Les législateurs de l'A.T. dont on vient de parler ne se sont pas contentés de parler de la justice, ils ont voulu l'inscrire dans leurs lois. Jésus s'est identifié en quelque sorte à eux. Je dis bien «en quelque sorte» parce que je crois qu'on a trop abusé de cette identification. On cite souvent le passage de Mt 25 pour faire voir comment Jésus s'est identifié aux pauvres. «Ce que vous aurez fait à l'un de ces petits qui sont mes frères, c'est à moi que vous l'aurez fait.»

Dans ce texte, on peut mettre l'accent à deux endroits différents et aboutir à des résultats passablement différents: en premier lieu, on peut mettre l'accent sur le «C'est à moi que vous l'aurez fait»; on a alors tendance à considérer les plus petits comme une sorte de ré-incarnation de Jésus. Cette façon de voir a d'une part soulevé dans le passé de grands enthousiasmes et peut engendrer des aberrations les plus incroyables du genre: «S'il est vrai que les pauvres, c'est Jésus, plus il y aura de pauvres, plus Jésus sera présent.» Vous voyez qu'il faut faire attention: une mauvaise interprétation de l'Évangile peut conduire aux pires abus; on l'a vu dans le passé et, des fois, on peut comprendre la réaction de Marc.

En second lieu, on peut mettre l'accent dans ce texte sur le verbe faire: «Ce que vous aurez fait… c'est à moi que vous l'aurez fait…» Dans ce cas, Jésus s'identifie à toute action en faveur des plus petits de la communauté. Cette interprétation est corroborée par d'autres textes de l'évangile selon saint Matthieu notamment quand il est question de la correction fraternelle: Jésus est présent dans l'action des frères pour ramener celui qui a péché contre un des membres de la communauté… Il est présent dans ces 2 ou 3 qui se réunissent pour corriger le frère qui a péché. Ce chapitre 18 de saint Matthieu contient toutes sortes de prescriptions pour la vie en communauté: la nécessité de se faire petit, l'accueil des enfants… C'est au milieu de toutes ces prescriptions faites à la communauté qu'on retrouve la parole qui se trouve à la fin de la parabole de la brebis perdue: «Ce n'est pas la volonté de votre Père qui est aux cieux qu'aucun de ces petits ne se perde.» C'est dire que pour saint Matthieu, l'attention aux plus petits n'est pas laissée à Pierre, Jean, Jacques… L'attention aux plus petits est le devoir de la communauté des disciples. L'évangéliste prend soin de noter que cette sollicitude pour les plus petits d'entre les frères relève de la volonté même de Dieu le Père. On peut se demander si la crise de la pauvreté dans notre société actuelle ne dépend pas d'une certaine crise de la vie en communauté; on peut se demander si la crise de la pauvreté actuelle ne dépend pas, en partie du moins, d'une certaine baisse de l'esprit communautaire.

4. En plus de la prière et de l'assiduité à l'enseignement des apôtres, le partage est à l'ordre du jour des premières communautés chrétiennes

Je ne veux citer qu'un seul exemple de partage dans les Actes – il y en a beaucoup d'autres. Au chapitre 6, les chrétiens d'origine grecque se plaignent que leurs veuves (catégorie de l'A.T.) ne reçoivent pas un traitement égal aux veuves des Judéo-chrétiens. A cause de la réaction très vive des «hellénistes», comme on les appelle, et à cause de la justesse de leurs revendications, on met sur pied le groupe des 7 (pas une commission d'enquête!), lequel groupe doit veiller à ce que les veuves des chrétiens d'origine grecque reçoivent leur part du service quotidien (distribution de nourriture). S'agit-il de vraies veuves ou d'un terme générique pour désigner tous les démunis de la communauté, on ne saurait le dire avec certitude.

En somme, devant une situation qui avait besoin d'être corrigée, les chrétiens d'origine grecque, plus habitués probablement à la contestation et plus attachés à l'esprit qu'à la lettre des institutions, ont élevé la voix en faveur de ceux qui étaient lésés dans leurs droits. Parmi les 7 qui ont été institués sont sortis Étienne et Philippe qui ont laissé leur marque dans l'Église primitive. Il y a d'autres auteurs du N.T. qui n'ont pas mâché leurs mots pour sensibiliser les frères aux problèmes des plus démunis dans la communauté. C'est le cas de saint Jacques dans son épître (2, 14):

«A quoi bon, mes frères, dire qu'on a la foi si l'on n'a pas les oeuvres... Si un frère ou une soeur n'ont rien à se mettre et pas de quoi manger tous les jours et que l'un de vous leur dise: Allez en paix, mettez-vous au chaud et bon appétit, sans que vous leur donniez de quoi subsister, à quoi bon?» Voir aussi la première lettre de saint Jean (3, 17-18): «Si quelqu'un possède les biens de ce monde et voit son frère dans le besoin, et qu'il se ferme à toute compassion, comment l'amour de Dieu demeurerait-il en lui?... N'aimons pas en paroles et de langue, mais en acte et dans la vérité; à cela nous reconnaîtrons que nous sommes de la vérité, et devant Dieu nous apaiserons notre coeur.»

L'enseignement actuel de l'Église sur la justice est dans la ligne de ce que l'Ancien Testament et le Nouveau Testament nous révèlent sur la pensée de Dieu au sujet des pauvres. En puisant dans les documents conciliaires, les lettres encycliques des papes et les lettres des évêques du Canada, nous pourrions citer de nombreux textes dans la ligne d'une attention particulière aux pauvres.

5. La seule pauvreté voulue par Jésus, c'est la pauvreté pour la mission

Si, dans saint Matthieu, la protection des plus petits se trouve dans le discours sur la vie en communauté, la pauvreté en vue de la mission se trouve dans le discours sur la mission: «Ne vous procurez ni or, ni argent, ni monnaie à mettre dans vos ceintures, ni sac pour la route, ni deux tuniques, ni sandales, ni bâton» (Mt 10, 9). Il faut être léger pour la route et les annonciateurs de la Bonne Nouvelle sont essentiellement des «gens de route», à la suite de Jésus.

C'est dans ce sens qu'il faut comprendre le désir qui s'est fait de plus en plus pressant, ces dernières années, de voir l'Église devenir davantage «servante et pauvre»: on la veut pauvre non pas parce que la pauvreté ou la misère est une bonne chose en soi, on la veut pauvre afin qu'elle soit plus libre, plus détachée, plus capable de porter une attention toute particulière aux plus démunis de la communauté, comme Jésus le demande.

Conclusion

1. Si on rougit de certains abus dans l'histoire de l'Église, on peut relire sans honte beaucoup de textes de la Bible. Ils nous rappellent notamment que Dieu veut et promet la vie en plénitude et les conditions pour que cette plénitude de vie se réalise.

2. Dans notre lecture et surtout notre interprétation de la Parole de Dieu, il faut à tout prix être vigilants: une fausse interprétation a déjà cautionné et peut encore cautionner les pires abus comme on vient de le voir.

3. Enfin, nous chrétiens du Québec, il est urgent que nous revigorions la notion et la réalité de la COMMUNAUTÉ, de la SOLIDARITÉ et du PARTAGE. Si on vivait davantage en frères, soutenus par une communauté et animés par le souci du partage, la pauvreté ne serait peut-être pas ce qu'elle est aujourd'hui.

C'est peut-être dans la redécouverte de ces racines que notre Église locale sera davantage «servante et pauvre» et fidèle à sa mission.

Pour survivre en l'an 2 000 ?

Dans un exposé de grande envergure, donné le 27 mars 1985 à la Société nationale des Québécois, Mgr Proulx a brossé un tableau très lucide de notre temps et des conditions de survie de l'humanité en l'an 2 000. On trouve ici le texte intégral de cette causerie, avec des sous-titres de la rédaction.

Il n'est pas facile d'imaginer ce que sera la société au commencement du 21ᵉ siècle et il m'apparaît présomptueux de tenter un exploit à la Orwell qui a défrayé bien des chroniques et peut-être énervé un certain nombre d'humains en projetant sur 1984 la vision du monde telle qu'il la concevait!

M. Marc-André Tardif, au nom de la Société nationale des Québécois, a remis à Mgr Proulx, en 1979, le prix Albert-Lamont pour souligner son engagement civique et social.

Si l'on essaie de limiter ses prévisions ou sa vision au Québec de l'an 2 000, on peut peut-être espérer limiter les dégâts, sans pour autant être assuré que les caractéristiques projetées seraient plus justement dessinées. L'assurance d'un rêveur ou le diagnostic d'un sociologue ou d'un psychologue seraient peut-être davantage de mise, puisque la rapidité de l'évolution dans l'âge actuel des ordinateurs et de la haute technologie ne nous permet même pas de projeter d'une manière certaine ce qui pourrait arriver en 1986 ou 1987. Vous n'avez pour cela qu'à regarder les pronostics que l'on fait sur les conséquences économiques de nos décisions politiques.

L'homme est un animal rempli d'espérance, même aux heures les plus sombres de son pèlerinage terrestre. Le croyant peut certes voir, dans l'avenir, l'homme sur la terre dans une vision remplie de promesses. Vaincre la souffrance humaine, qu'elle soit physique ou spirituelle, reste de tout temps un défi qui peut nourrir notre espérance. Les luttes de tant d'hommes et de femmes pour enrayer la pauvreté et les autres formes d'injustice et d'inégalité sont, de fait, des signes constants d'espérance.

Les fins de siècles sont, on nous l'a dit, des périodes tourmentées par l'incertitude, les contradictions et les conflits. Notre fin de siècle n'a pas échappé à la règle générale, d'autant plus que nos bêtises nous ont conduits sur des routes particulièrement périlleuses: violence de plus en plus généralisée, égoïsme et individualisme développé d'une manière abusive, désir de puissance et de contrôle qui nous rappelle d'une manière éloquente la condition pécheresse de notre race, enfin, possibilité réelle pour l'homme de mettre fin à son existence terrestre à cause de l'accumulation des armes nucléaires de toutes sortes.

Même si j'ai dit, au début, que mon propos ne serait pas du tout prophétique dans le sens populaire, il peut être prophétique dans le sens d'un appel et d'un souhait. Vous me permettrez de parler en termes généraux de ma vision de l'an 2 000 et de conclure par une application très spéciale au pays du Québec.

Vers l'an 2 000

Faiblesses de notre société

On a souvent parlé de la société comme d'un personnage mystérieux qui se ballade sur les routes du monde, en empruntant des voies diverses qui peuvent se comparer au pendule de l'horloge. Nous sommes présentement dans une période d'insécurité qui se traduit par le retour du balancier à un conservatisme peureux. Ce comportement peut aussi être le signe d'une certaine panique qui caractérise les fins de siècles.

Nous avons eu, et nous verrons peut-être encore pour quelque temps, les défenseurs d'un statu quo ou d'un recul, vers des changements éculés d'un capitalisme conservateur. La recherche à tout prix de l'intérêt personnel et de la promotion individuelle est présentée comme une valeur sûre. Pour permettre une plus grande croissance de cet «intérêt personnel», on a voulu évacuer les intervenants, surtout gouvernementaux, qui peuvent gêner. Ainsi, sous prétexte de liberté, on a érigé en doctrine la théorie de «la survivance des plus forts» qui conduit à l'acceptation du phénomène de la pauvreté, pour ne pas dire de la misère, et de la concentration de la richesse et du pouvoir entre les mains d'une minorité.

Nous aurons encore, pour quelques années, à vivre ce phénomène, tout en voyant, en même temps, une nouvelle sensibilisation et une nouvelle conscientisation qui nous montrent clairement que cette direction nous conduit à l'abîme! Aussi, cette société est-elle colorée par une consommation de plus en plus effrénée des biens qui peut nous conduire à une exploitation irresponsable des ressources naturelles et à un gaspillage qui devrait nous faire honte.

Je dois ici vous parler comme un croyant qui peut faire des liens entre ce qui se vit actuellement et ce qui s'est passé dans l'histoire des croyants. Les valeurs qui sont maintenant privilégiées et qui sont transmises dans notre société, valeurs qui suscitent surtout des espoirs d'ordre matérialiste, deviennent facilement des objets d'idolâtrie pour un très grand nombre. La réaction de croyants et d'humains très conscientisés à cette situation fait surgir, par ailleurs, une volonté de mettre un frein à cette tendance dangereuse par une nouvelle définition d'une morale de partage.

La voie du Marxisme

La montée de l'individualisme et d'une approche matérialiste de la condition humaine et de la société détermine, chez un très grand nombre, un désir de correction qui s'est traduit pour certains dans une autre approche matérialiste que l'on a appelée et que l'on appelle encore, avec des nuances variées, le marxisme. En voyant, dans la personne, uniquement sa fonction économique, en proposant une dialectique de la violence comme moyen de transformation sociale, et en aliénant la liberté individuelle dans un collectif anonyme, on risque d'enlever totalement la liberté, cet ingrédient fondamental du bonheur.

Vers la fin de ce vingtième siècle, de plus en plus de personnes se rendront compte que les modèles parfaits sclérosés qui nous sont présentés pour assurer plus de justice et de fraternité ne sont pas du tout adéquats. Il faut qu'un plus grand nombre de penseurs et de créateurs rejettent des options qui finissent par détruire l'homme.

Vers un nouvel ordre social

Il faut se mettre activement à la recherche d'un nouvel ordre social qui sensibilisera davantage aux valeurs fondamentales que l'on redécouvre dans notre héritage chrétien. Quant à cet ordre social économique basé sur la justice, je souhaite que ses contours soient de plus en plus évidents, au fur et à mesure que nous nous approchons de la fin du vingtième siècle. Quand nous parlons de libération, nous voulons embrasser toute la personne et tous les aspects qui peuvent l'aider à grandir et à s'épanouir.

La fin de ce siècle verra émerger des hommes et des femmes qui croiront fermement que le service de leurs frères arrive en premier dans la construction d'une nouvelle société. Les attitudes d'égoïsme et les comportements de gaspillage, les tendances à la violence et à la destruction du plus faible feront place à une volonté de bâtir ensemble une société qui soit totalement ouverte et accueillante. Les pauvres et les opprimés auront voix au chapitre et pourront exprimer d'une manière concrète leur présence dans cette nouvelle société.

Notre style de vie, parfois plus préoccupé de notre confort, sera modifié. Dans cette nouvelle société, la vie luxueuse ne sera pas vue comme un correctif qui corrigerait de soi les inégalités et les injustices flagrantes.

Des communautés plus humaines verront le jour et on aura découvert des moyens inusités d'incarner dans la réalité quotidienne ce que veut dire vivre en société comme des frères et soeurs. Ces communautés pourront désormais exprimer leur désir et leur volonté de changement en incluant toujours ceux et celles qui sont les plus faibles; ainsi il n'y aura plus de vieillards isolés ni de jeunes qui ne seraient plus accueillis dans la société.

Les valeurs culturelles comme les valeurs spirituelles deviendront désormais un trésor que tous auront à coeur de protéger et d'embellir.

Dans cette nouvelle société, les préoccupations de justice pour nos frères et soeurs les plus éloignés de nous physiquement deviendront une inquiétude quotidienne, et tout sera mis en oeuvre pour que tous soient enfin libérés de leur esclavage. Cette société ne permettra pas des abus de pouvoir, et des mécanismes seront mis en place pour empêcher ces déviations. Il y aura une plus grande préoccupation aussi pour faire disparaître les causes d'injustice. Pour les personnes souffrant de comportement violent ou aliénant, cette société saura découvrir des moyens de réhabilitation plus efficaces que ceux utilisés présentement dans une société plutôt dure (prisons).

Enfin, dans cette nouvelle société, on aura trouvé un moyen de permettre à tous et chacun de contribuer à la richesse commune en offrant sa disponibilité et ses talents dans un travail qu'on aura purifié de toute aliénation.

Est-ce pure utopie?

Vous allez peut-être penser que ce rêve, cette vision ou ces souhaits sont de l'utopie pure? C'est pourquoi je ne sais pas si je devrais continuer en décrivant comment pourrait s'appliquer au Québec cette vision. Ce rêve devrait, à mon sens, être une lumière pour guider nos efforts collectifs, avec l'intention de mettre tout en oeuvre pour changer des situations qui ne sont pas du tout à l'honneur des hommes et des femmes d'aujourd'hui.

Vous vous souvenez que, lorsque le pape Jean-Paul II est venu au Canada en septembre 1984, il a insisté pour que le Québec se souvienne de ce qu'il a été et de ce qui a motivé la majorité de ceux et de celles qui sont venus ici, il y a trois siècles. Ces valeurs sont chrétiennes et s'inspirent d'une espérance qui ne doit jamais s'estomper. Nous avons, dans le passé, relevé des défis et il n'y a pas de raison pour que cette petite nation francophone d'Amérique du Nord, ayant une culture propre et des valeurs chrétiennes certaines, ne soit pas capable de mettre au monde une société davantage humaine et davantage fraternelle. Pour cela, il faudra accepter des correctifs et des sacrifices. Il faudra, d'ici l'an 2 000, travailler davantage à développer les aspects collectifs et communautaires de notre société et être capables, dans un sain pluralisme religieux, de respecter des cheminements divers qui ne doivent jamais, cependant, mettre en cause le bien-être et la liberté de tous.

Pour ceux et celles qui pourraient m'accuser d'utopie, je réponds dans les mots de Dom Helder Camara: «Il ne faut pas avoir peur de l'utopie. Quand on rêve seul, ce n'est encore qu'un rêve, quand on rêve à plusieurs, c'est déjà la réalité. L'utopie partagée est le ressort de l'histoire.»

«Il ne faut pas avoir peur de n'être qu'une goutte d'eau. Ce sont des gouttes d'eau rassemblées qui font les ruisseaux, les fleuves, les océans...»

«Il ne faut pas avoir peur d'être impuissant devant la toute-puissance des dirigeants et des gouvernements. Ils passent, le peuple reste, et un jour vient, forcément, où ils ont intérêt à tenir compte de ce qui intéresse le peuple... Bien sûr, pas dans les dictatures. C'est pourquoi il est toujours important pour la marche des idées de combattre les dictatures.»

«Il ne faut pas avoir peur d'être naïf devant la science des savants et des spécialistes. Qu'est-ce qu'un spécialiste ou un savant, sinon un naïf qui a travaillé? L'étude et le travail lui permettent d'élaborer et de proposer des théories. Mais il n'est pas nécessaire de formuler des théories pour imaginer et vivre la justice et la solidarité. Avec un Lech Walesa ou une Mère Térésa, les naïfs du monde entier ont des modèles de l'audace inventive, généreuse et sans complexe.»

Sommes-nous des témoins crédibles?

Homélie de la messe télévisée soulignant le 40ᵉanniversaire de la paroisse Saint-Jean-Bosco, Hull, le 20 avril 1985.

Toutes les Écritures du temps pascal nous interpellent et nous invitent à la conversion. Elles nous rappellent d'une façon percutante la merveille de la résurrection de Jésus, Celui qu'on avait marginalisé au point de le considérer comme un trouble-fête chronique et de le crucifier comme un criminel. Il est soudainement ressuscité le jour de Pâques et il est vivant! Ce qui est dit dans ces Écritures vaut pour la génération actuelle comme pour celle qui a été la première à accueillir la nouvelle merveilleuse.

Les Actes des Apôtres nous disent avec raison: «Lui, le Saint et le Juste, vous l'avez rejeté et vous avez demandé qu'on vous accorde la grâce d'un meurtrier.» Cette attitude de la part des contemporains de Jésus, surtout des personnes en autorité et des personnes jouissant d'un certain confort, peut nous surprendre.

C'est ce même Jésus pourtant qui a invité, tout au cours de sa prédication, tous ceux et toutes celles qui pouvaient être témoins de ses miracles à une vie plus fraternelle et plus généreuse.

Trop souvent les Écritures sont présentées et nous apparaissent comme étant un rappel historique d'événements qui se sont produits, il y a deux mille ans. Trop souvent, ce rappel n'est pas actualisé et ne projette pas sur le vécu actuel un éclairage qui pourrait nous aider à mieux comprendre et à mieux accueillir les changements qu'il propose. Notre temps est troublé par la violence, violence qui se développe en guerres de toutes sortes au Moyen-Orient, en Amérique Centrale, en Asie; violence qui se traduit par un mépris des droits humains élémentaires dans plus de soixante pays. Ceux et celles qui croient que Jésus revenant parmi nous ne vivrait pas le même drame, ne savent peut-être pas lire ces signes de notre temps! L'histoire, racontée dans les évangiles, se revit en quelque sorte sous nos yeux, quand des personnes innocentes sont rejetées et opprimées, quand des pauvres sont traités comme quantité négligeable, quand les jeunes ne sont pas accueillis dans nos sociétés affluentes parce que nous prétendons ne pas avoir besoin d'eux. C'est pourquoi l'invitation de Jean dans la deuxième lecture de cette messe peut être pour nous un stimulant et une lumière pour éclairer nos routes. Quand Jean parle d'éviter le péché, il touche à tous les aspects de la vie de l'homme d'aujourd'hui, aspect personnel mais aussi aspect communautaire: l'égoïste centré sur lui-même et sur la promotion de ses intérêts, doit devenir véritablement fraternel! La société de consommation, si souvent abusive, doit se convertir et devenir gestionnaire responsable des biens qui nous sont confiés! Le violent doit aussi changer radicalement et croire véritablement à la non-violence et à la solidarité. Les institutions elles-mêmes, puisqu'elles sont mises en place par les hommes, doivent se convertir et cesser d'être, dans bien des cas, oppressives et violentes.

Garder la Parole dans le sens où Jean le propose, c'est véritablement ouvrir son coeur à l'amour de Dieu qui peut atteindre vraiment la perfection.

Enfin, dans l'Évangile, saint Luc nous invite à réfléchir sur Jésus, le Vivant, le Ressuscité, et sur la façon que l'on peut le reconnaître. Jésus continue d'être le Vivant et il continue à vouloir rompre le pain, à condition que nous voulions lui faire de la place. Nous sommes très souvent frappés, nous aussi, de «stupeur et de crainte» à cause de l'inévitable tragédie de nos limites et de nos folies. Jésus continue de nous redire: «Pourquoi êtes-vous bouleversés?» ou en d'autres mots, dans un autre contexte, il a dit: «N'ayez pas peur». Ce Jésus toujours vivant, est-il présent dans nos paroisses, dans nos groupes de chrétiens? Est-il plus souvent moribond et invisible parce que les chrétiens d'aujourd'hui ont abandonné la partie et se sont enfuis parce qu'ils ont peur? Il est plus important que jamais pour les chrétiens d'ouvrir leur esprit à l'intelligence des Écritures. Ils doivent être capables d'être comme communauté véritable, les porteurs du projet de Jésus pour le monde de 1985 et de la fin de ce siècle.

Vous, fidèles chrétiens de St-Jean-Bosco qui célébrez cette année 40 ans d'existence comme communauté, et vous, fidèles de ces milliers de paroisses à travers le Canada, vous êtes invités à agir de telle sorte que ce Jésus toujours vivant devienne davantage présent dans notre société. Vous êtes invités à épouser réellement, surtout en ce temps pascal, le projet que Jésus continue de proposer pour notre monde si fragile. La façon dont nous allons vivre le message de Jésus et allons porter ce projet sera, pour les millions d'affamés dans le monde, un vrai rayon d'espoir car nous apprendons à partager. Pour des nations entières atterrées par la guerre ou le danger de guerre, nous présenterons une véritable volonté de faire la paix. Pour ces millions de jeunes qui désespèrent d'avoir une vie normale à cause du danger nucléaire qui pèse sur nous, notre action auprès des décideurs, si puissants soient-ils, nous permettra un virage radical vers la paix. Pour ceux et celles qui souffrent parce que leurs familles sont disloquées, les communautés véritablement vivantes pourront mettre en place des havres de réconciliation et même les victimes pourront revivre. Jésus veut continuer de répéter, par nos communautés vraiment vivantes: «Ne craignez pas; n'ayez pas peur. Je suis avec vous et mon Esprit vous accompagne si vous lui laissez de la place.»

Sommes-nous prêts aujourd'hui à faire de la place à Jésus vivant en nous et au milieu de nous?

"Que tous soient un"
S. Jean

Messages de Noël

Chaque année, Mgr Proulx adressait des souhaits de Noël à ses diocésains, et parfois même deux ou trois messages différents selon les médias auxquels ils étaient destinés. Nous reproduisons ici quelques-uns de ces messages, qui donnent le sens et l'actualité du message d'amour de Jésus. Quand le titre est entre guillemets, il est de Mgr Proulx lui-même; autrement il est de la rédaction.

«Un Noël d'amour»

Avant la naissance de Jésus, les hommes, même ceux du peuple choisi, avaient une notion étroite de l'Amour. Les uns avaient limité cette possibilité de partage et de don à des intimes, à ceux et à celles qui se trouvaient dans l'entourage. Les autres concevaient l'amour comme un sentiment, aussi volage que les caprices de l'instant, variant selon leurs propres rêves de promotion ou de mieux-être.

Et Jésus est venu habiter parmi nous... Ce fils d'homme a voulu vivre le pèlerinage terrestre d'une manière différente. Il le vit, ce pèlerinage, comme quelqu'un qui aime... à la manière d'un Dieu Père. Il nous montre par tous ses gestes que la définition de l'amour qu'il porte n'est pas semblable à la définition vécue par trop d'hommes. Pour Jésus, l'amour n'est pas un sentiment passager, mais une décision réfléchie. C'est pourquoi les manifestations d'amour de Jésus pour tous les hommes, surtout pour les plus démunis, seront sans pareilles!

Le premier Noël marque le commencement de cette histoire merveilleuse, une histoire que les hommes de tout temps ne pourront jamais se fatiguer de raconter ou d'écouter! Cette histoire commence à la crèche de Bethléem, dans une simplicité désarmante. Comme l'enfant qui naît dans une famille ordinaire, Jésus apporte la joie à ses parents et à ses proches, une joie irrépressible et contagieuse. Il n'est pas menaçant, cet enfant qui naît, même s'il est fils de Dieu!

Pourrons-nous vivre une fois de plus un Noël semblable au premier Noël? Saurons-nous comprendre le message d'amour qui se traduit selon les cas en partage, pardon, sérénité, souci constant de l'autre? Encore plus: pouvons-nous traduire dans notre vécu quotidien, et cela pour toute l'année, cette décision que Jésus a prise de nous aimer, en aimant à notre tour?

En vous souhaitant un Joyeux Noël, je demande particulièrement à Jésus qui nous aime de nous aider à aimer comme il l'a fait lui-même.

Notre monde a plus que jamais besoin de redécouvrir Jésus qui aime et qui sauve. Et ce monde pourra découvrir ce mystère, s'il y a assez de vrais chrétiens pour vivre selon les principes d'amour vécus par Jésus lui-même. Puisse Noël nous aider à rendre ce Jésus amoureux, véritablement présent au milieu de notre monde!

(Bulletin diocésain L'Église de Hull, décembre 1977.)

«Une fête d'amour»

Si quelqu'un de très riche, possédant le plus beau château imaginable, ayant à sa disposition tout ce qui peut combler ses désirs, décidait de tout quitter pour une pauvre cabane dans le fond des bois parce qu'il veut aller rejoindre quelqu'un incapable de changer son sort, on pourrait dire: «Ce quelqu'un est merveilleux de générosité».

C'est ce que nous fêtons à Noël et plus encore! Les comparaisons n'arrivent pas à exprimer la qualité de l'amour d'un Dieu qui consent à donner à son Fils un corps faible et sans défense pour transformer la marche des hommes de tous les temps. Malgré les efforts d'une société devenue matérialiste et vouée à la commercialisation, on n'a pas réussi à vider Noël de son mystère d'amour. Il n'y a pas d'autre mot que celui-là pour définir l'étendue du drame et du mystère. Il n'y a pas d'autre lecture possible des évangiles et des catéchèses des premiers chrétiens quand ils ont voulu témoigner de l'aventure dans laquelle ils se voyaient engagés...

Aujourd'hui, des inquiétudes de toutes sortes plongent dans l'anxiété les hommes de notre terre. La famine, l'oppression généralisée dans plusieurs pays du monde, l'infidélité d'un très grand nombre de chrétiens, la maladie, le péché, ce sont tous là des motifs sérieux d'être tristes: cependant, pour celui qui a la foi, Noël lui rappelle cette présence toujours radieuse dans la demeure humaine d'un Jésus qui vient continuellement nous dire qu'il nous aime. La liberté et la nourriture qu'il nous apporte nous font espérer et nous apportent une paix indicible.

Jésus à Noël nous parle d'amour. Il emprunte cette forme de l'enfant nouveau-né et il attire notre regard sur Marie et Joseph. Si nous voulions croire à sa vérité, nous serions capables de faire quelque chose pour rendre notre maison humaine plus semblable au rêve de Dieu qui devient réalité en Jésus.

A tous les croyants de l'Église de Hull, je désire présenter mes voeux les plus fraternels pour un joyeux Noël et une bonne année 1978. Aux personnes engagées, au nom de ce Jésus dont on célèbre la venue parmi nous, à transformer notre société, je dis: continuez à témoigner de Celui qui est venu nous enseigner comment aimer et comment servir. Ces voeux, je les adresse particulièrment aux personnes âgées, malades, à ceux et à celles qui souffrent de pauvreté matérielle. «Et le Verbe s'est fait chair et Il a demeuré parmi nous, et nous avons vu sa gloire, gloire qu'Il tient de son Père comme Fils unique, plein de grâce et de vérité» (Jn 1, 14). Que ces paroles de Jean deviennent source de joie et d'espérance pour nous tous!

(Le Droit, *23 décembre 1977.*)

Se laisser transformer par Jésus

«Le peuple qui marchait dans les ténèbres...» Cette lecture du prophète Isaïe qui vient au début de la liturgie de la Parole à la messe de minuit m'apparaît tout à fait opportune. Le prophète pourrait même reprendre son discours et le rendre au présent... tellement les conditions de notre monde apparaissent sous un jour sombre... Celui qui est venu, il y a deux mille ans, a-t-il vraiment réussi son projet révolutionnaire? Celui qui vient en cette nuit de Noël, dans l'obscurité de notre monde, apporte-t-il cette lumière promise et cette espérance invincible?

Notre réponse à ces deux questions indique le degré de compréhension que nous retenons du projet de Jésus et aussi le degré de communion à ce projet. Nous pourrions facilement, hélas, brosser un tableau sombre, voire apocalyptique de la condition humaine à ce temps-ci de l'histoire: guerres, bruits de guerre ou d'holocauste nucléaire, famine qui sévit chez des millions de nos frères, pauvreté scandaleuse, mépris de la dignité de l'homme érigé en système en de nombreuses nations, culte de la richesse matérielle au mépris de la vie, etc.

Ce Jésus qui naît à Noël peut-il nous sauver de nos misères innombrables? Si nous commençons à comprendre, si peu soit-il, le projet de Jésus, nous pourrons poser la question autrement: ce Jésus peut-il nous sauver malgré nous, en foulant notre liberté?

Non, Jésus a voulu, dans le mystère même de son projet, nous associer intimement à lui. Il a invité les hommes, il y a 2 000 ans, et il continue de les inviter à devenir parties intégrantes de sa mission de salut. C'est quand nous résistons, c'est quand nous sommes infidèles à son enseignement et à l'action de son Esprit, que nous mettons en échec son plan sublime.

Noël reste une occasion privilégiée pour tous les hommes de bonne volonté qui veulent bien se laisser transformer par Jésus, Fils de Dieu fait homme. Ce Jésus continue de naître au milieu d'un monde à sauver par de faibles personnes qui acceptent librement de promouvoir son projet unique.

En vous souhaitant un Joyeux Noël, je vous invite à vous laisser transformer par ce Jésus qui est venu et qui vient dans nos vies!

(Le Droit, *26 décembre 1980.*)

Noël, la fête de la vie

La fête de Noël reste pour tous les hommes une fête unique. Peu importe notre condition physique et psychique,

Noël nous rappelle ce qu'il y a de plus précieux pour l'homme et pour le chrétien.

C'est la fête de la vie. Mais d'une vie qui prend un sens nouveau à cause de Jésus, le Nouvel Adam. C'est le projet de Dieu lui-même qui est repris en main par Jésus, son Fils fait homme.

Nous avons de la difficulté à comprendre ce projet de Dieu. Cette difficulté à comprendre vient de l'obscurité que nous avons à l'intérieur de nous-mêmes et autour de nous. Les disciples de Jésus que nous sommes devraient pouvoir donner au monde autour de nous une lueur d'espérance par ce que nous vivons et par notre façon de vivre notre baptême. Les préoccupations des chrétiens d'aujourd'hui doivent ressembler aux préoccupations mêmes de Jésus.

Combien de fois Jésus a-t-il prié pour que les hommes qu'il rencontrait puissent être illuminés et puissent se tourner vers le Père. Nous ne pouvons pas, comme témoins de Jésus, éviter de prendre la route que Jésus nous a tracée. Nous aussi, nous devons prier pour que nos frères puissent découvrir la Lumière et découvrir également l'amour d'un Dieu qui donne et qui se donne.

Mon souhait pour Noel, c'est que dans toutes nos communautés paroissiales, il y ait un désir renouvelé de voir naître Jésus véritablement dans notre monde par des communautés porteuses de son message et de son amour. Pour cela, il faudra accepter d'évangéliser et d'être évangélisé comme ce fut le cas au temps de Jésus. Pouvons-nous, à l'occasion de Noël, accepter d'être transformé, converti par la présence constante de Jésus au milieu de nous?

(Le Droit, *23 décembre 1981.*)

Jésus naît encore aujourd'hui

La fête de Noël nous rappelle un événement très important de l'histoire de l'homme. La naissance de Jésus à Bethléem est un recommencement pour l'homme habitant cette terre. On a parlé souvent dans les textes liturgiques du Nouvel Adam. Les disciples de Jésus présentement sur cette terre doivent vivre intensément l'espérance que nous apporte Jésus. Ils doivent en être des témoins crédibles par le vécu et par l'expression de ce vécu dans des manifestations de culte et par leur partage. La naissance de Jésus, même si elle est arrivée dans le temps, se répète régulièrement dans notre monde par le témoignage et l'activité de ceux qui sont maintenant son Corps.

Je formule le voeu que tous les membres de groupes de prières soient de plus en plus conscients de leur appartenance à cette communauté d'hommes et de femmes qui portent dans leur coeur et dans leur vie le projet global de Jésus. La naissance de Jésus nous rappelle la valeur sacrée de la vie et le respect que nous devons porter constamment à toutes les manifestations de la vie de l'homme.

Cet intérêt doit se tourner, à l'occasion de Noël, vers les petits de notre monde: les enfants, les vieillards, les pauvres, les malades, les personnes handicapées. Ce faisant, nous vivons d'une manière sensible le projet de Jésus qui est venu pour les pauvres et les marginalisés.

Puissions-nous permettre que ce Jésus qui naît fasse en nous vraiment sa demeure, individuellement et communautairement. C'est mon souhait pour vous tous.

(La revue Le veilleur, *décembre 1981.)*

«Noël d'espérance dans un temps de crise»

L'étoile de la nuit de Noël brillera-t-elle cette année dans un ciel assombri par des conflits de toutes sortes et par le chômage qui affecte tellement de personnes? La «Bonne Nouvelle pour tout le peuple» pourra-t-elle être entendue malgré les perspectives menaçantes et les événements malheureux qui alourdissent notre horizon?

Jésus qui naît à Noël vient pour nous sauver, même en 1982.

Il s'offre à nous sous les traits d'un enfant nouveau-né dont nous connaissons déjà la mission, une mission remplie d'espérance et prometteuse de libération. Pour l'accueillir, il faut croire en lui, croire en sa mission, et croire que, par notre baptême, nous faisons corps avec lui.

Le croyant reste celui qui attend un avenir meilleur, qui l'espère de toutes ses forces et qui résiste à toutes les puissances qui s'y opposent. Le désespoir ne doit pas faire partie de la réalité du croyant. Ce Règne annoncé et déjà mis en marche par Jésus va continuer de venir. La volonté du Père se réalisera malgré tous les obstacles qui se trouvent sur notre route et au-dedans de nous.

Au troisième dimanche de l'Avent, c'était Paul qui nous invitait à la joie, à une joie débordante. Pourtant Paul se trouvait à ce moment-là en prison, privé de liberté, persécuté pour sa foi. Comment pourrions-nous résister à une telle invitation, même si nous sommes privés de liberté physique, même si nous sommes tiraillés par des conflits qui mettent en contradiction les droits des travailleurs et des chômeurs et les droits des malades, des vieillards isolés et des enfants maltraités?

Quelle bonne nouvelle pourrons-nous apporter, nous les croyants, à ceux et celles qui sont broyés par les duretés de la vie? Il dépend largement de nous que le message d'Isaïe, repris par Jean Baptiste, devienne une réalité: «Tout ravin sera comblé, toute montagne et toute colline seront abaissées» (Luc 3,5). C'est mon souhait le plus sincère pour nous tous, à Noel, que la justice fraternelle, l'amour des uns des autres, avec tout ce que cela comporte de partage et de réconciliation, soient les ingrédients d'une paix et d'une joie uniques qui continueront à grandir sans cesse.

(Le Droit, *23 décembre 1982.*)

«La venue d'un royaume de paix... Jésus naissant»

Le peuple d'Israël, dans l'attente d'un Messie libérateur, a souvent été ébranlé au cours de son histoire. Le choix de la première lecture biblique de la Messe de Minuit révèle cette inquiétude lancinante qu'essaie de calmer le prophète Isaïe. Cette anxiété du peuple choisi est présente aussi en notre temps, malgré la réalisation de cette prophétie. Quand Isaïe écrit: «Toutes les chaussures des soldats qui piétinaient bruyamment le sol, tous leurs manteaux couverts de sang, les voilà brûlés: le feu les a dévorés», on peut croire que cet homme de Dieu décrivait l'état du monde actuel, avec en plus l'anxiété d'une calamité plus menaçante encore, puisqu'on parle d'holocauste nucléaire possible!

Isaïe veut rallumer l'espérance vacillante de ses compatriotes en annonçant la naissance de Quelqu'un de spécial: «Oui! un enfant nous est né, un fils nous a été donné; l'insigne du pouvoir est sur son épaule; on proclame son nom: Merveilleux-Conseiller, Dieu-fort, Père-à-jamais, Prince-de-la-Paix.» Les mots du prophète réussissent à peine à décrire ce qui se produira, ce qui pourra se produire dans un monde troublé.

Dans notre monde à nous, si déchiré, est-ce que la même prophétie peut encore produire un effet bénéfique? Les hommes d'aujourd'hui peuvent-ils entendre et accueillir une nouvelle si bonne dans des termes si simples? La naissance d'un enfant, qui est aussi Fils de Dieu tout en assumant la fragilité de notre état, peut-elle allumer en nos coeurs si durs une lueur d'espérance imprégnée de tendresse? Baignés comme nous le sommes dans les remous provoqués par la révolution technologique où la venue de l'informatique rend anodine la venue d'un enfant, serons-nous touchés par celui qui continue de venir après 1950 ans et qui voudra nous apporter ce Règne annoncé par Isaïe?

Pour tous ceux qui ont été baptisés en Jésus, la fête de Noël doit être une occasion unique de nous éveiller à la Bonne Nouvelle, pour en vivre et pour faire en sorte que d'autres puissent en vivre aussi. A ceux et celles qui doutent, à ceux et celles qui souffrent à cause de la dureté de la vie, Jésus apporte une espérance nouvelle. Puissions-nous tous rendre cette espérance plus évidente par notre volonté de partager, d'écouter, de donner de nous-mêmes.

Que cette fête de Noël soit joyeuse pour nous et qu'elle soit remplie d'espérance pour tous!

(Voeux de Noël 1983.)

«Noël, rayon d'espérance?»

Les événements vécus en 1984 peuvent-ils nous aider à célébrer Noël de façon significative? Il y a eu sans doute des événements heureux vécus de manières variées par une foule de chrétiens. La visite du pape Jean-Paul II au milieu de nous, en septembre dernier, nous a comblés en nous permettant de voir incarnée l'actualisation de la Parole de Dieu dans les gestes posés par Jean-Paul II et par ses paroles interpellantes.

Toutefois, les paroles de saint Jean (1-1,5), «en lui, il n'y a point de ténèbres», nous donnent nettement l'impression que des ténèbres épaisses nous enveloppent. Des peuples entiers deviennent victimes de la faim et nous voyons à la télévision des enfants, au ventre gonflé par les privations, mourir sous nos yeux. On nous dit qu'en plus de l'Éthiopie, des douzaines de pays en Afrique et en Amérique Latine deviendront victimes de la sécheresse, mais peut-être davantage de la violence, d'oppressions, et de luttes pour le pouvoir. La dernière visite du Prix Nobel de la Paix, Mgr Desmond Tutu, illustre davantage, s'il se peut, ces ténèbres épaisses qui ont donné naissance à la politique désastreuse d'apartheid en Afrique du Sud.

Jésus qui est venu comme une lumière pour éclairer nos ténèbres n'est pas toujours accueilli et c'est ce qui explique que les ténèbres ont tendance à revenir constamment, quand l'homme pécheur devient le persécuteur de son frère.

Face à ces événements, un très grand nombre de chrétiens ont réagi dans le sens de l'Évangile. Nous ne pouvons pas estimer le nombre de ceux qui ont été affectés par ces événements d'une manière positive, en acceptant d'écouter et en acceptant de collaborer à des projets de développement. L'invitation de saint Luc (21, 28): «Redressez-vous et relevez la tête, votre délivrance est proche» peut être méditée avec profit à l'occasion de Noël.

Nous pouvons regretter que les paroles de l'Écriture ne soient pas suffisamment présentes dans notre vie et dans nos actions. Jésus, le Fils de Dieu, «vrai Dieu né du vrai Dieu, lumière née de la lumière», revient habiter parmi nous, surtout pour ceux et celles qui ont de la difficulté à le découvrir. Noël nous fournit l'occasion de voir qu'«en lui était la vie et la vie était la lumière des hommes». C'est Jean-Paul II qui, parlant à nos jeunes au Stade Olympique le 11 septembre dernier, leur disait: «Ces paroles introduisent toute la Bonne Nouvelle: en Jésus de Nazareth, le Fils resplendissant de la gloire du Père s'est fait l'un de nous; il entame un étonnant combat contre les forces des ténèbres. Une lutte où la puissance des ténèbres ne peut arrêter la force du Christ qui est d'un tout autre ordre, car il n'est fort que par le don de lui-même à son Père pour ses frères. Une lutte où il accepte de partager notre faiblesse et notre solitude, de subir l'hostilité des hommes, au point de s'écrier: «C'est maintenant l'heure de la puissance des ténèbres» (Lc 22,53). Mais les ténèbres ne l'arrêteront pas; il combat avec les armes de la paix.

A l'excès du pouvoir, Jésus oppose le désintéressement: il a choisi d'être le Serviteur.

A l'excès de l'orgueil, Jésus oppose l'humilité: «Je ne cherche pas ma propre volonté, mais la volonté de celui qui m'a envoyé» (Jn 5, 30).

A la haine qui rejette et qui tue, Jésus oppose le pardon: «Père, pardonne-leur, ils ne savent pas ce qu'il font» (Lc 23, 24).

A la puissance aveugle de la mort, Jésus oppose l'amour de celui qui se donne: «Ma vie, nul ne l'enlève, mais je la donne de moi-même» (Jn 10, 18).

A la garde dérisoire de son corps au tombeau, Jésus oppose la liberté de la Résurrection: «Comme l'éclair en jaillissant brille d'un bout à l'autre de l'horizon, ainsi sera le fils de l'homme lors de son Jour» (Lc 17, 24).

A qui désespère de la vie et éprouve le vertige du néant, Jésus oppose le don de la vie nouvelle: «Telle est la volonté de mon Père, que quiconque voit le Fils et croit en lui ait la vie éternelle; et moi, je le ressusciterai» (Jn 6,40).»

En vous présentant mes voeux les meilleurs pour un Joyeux Noël et une Bonne Année 1985, je souhaite vivement que cette visite de Jean-Paul II et que ces gestes de partage et de générosité que j'ai pu observer au cours des derniers mois particulièrement, se continuent et s'amplifient au milieu de nous. C'est ainsi que la lumière et l'espérance voulues par Jésus deviendront davantage évidents dans notre monde.

Mon voeu pour chacun de vous, c'est que ce Noël nous apporte un supplément d'espérance. Puissent cette lumière et cette espérance alimenter la charité qui doit de plus en plus nous rendre capables de bâtir un monde plus fraternel.

(Voeux de Noël 1984).

«Que veut dire Noël pour les chrétiens d'aujourd'hui? »

Avant que Noël soit une célébration chrétienne, c'était une fête païenne. On peut se demander si nous ne sommes pas en train de revenir à la tradition qui a précédé la naissance de Jésus! Cette fête, qui devrait normalement rappeler le sens de cette visitation de Dieu dans le monde des humains, par un enfant qui naît, a tendance à être oubliée pour une célébration stérile!

Nous vivons présentement une période de violence exceptionnelle à tous les niveaux. Cette violence, nous pouvons en ressentir les effets dans un très grand nombre de familles ici, au pays, comme chez un bon nombre d'individus, plus particulièrement blessés. Ces violences, Jésus a voulu en naissant qu'elles se transforment en douceur et en tendresse. Avons-nous su accueillir le message... quand on voit, à la grandeur du monde, des violences encore plus spectaculaires entre groupes, à l'intérieur d'une nation, et aussi l'utilisation, par les super-puissances, de la violence morale que constitue le surarmement nucléaire; quand on voit chez nous également l'espèce de coalition de chrétiens bien intentionnés qui voudraient, sous prétexte de se protéger, revenir à la peine de mort, et aussi, en ce qui concerne notre pays, une augmentation du nombre de personnes privées de leur liberté (prisonniers); quand on voit dans certains pays des chrétiens qui oppriment, torturent et violent la liberté des autres, sous prétexte de sauver la nation du marxisme!?

Quand on relit les pages de l'Évangile qui nous racontent la naissance toute simple de Jésus à Bethléem, la visite des bergers et les préoccupations de Joseph et de Marie de même que ce chant qui est une invitation à toute l'humanité: «Gloire à Dieu au plus haut des cieux, et paix sur terre aux hommes qu'il aime», nous ne pouvons pas ne pas être interpellés et portés à secouer notre indifférence et notre tendance à rejeter ce message?

En souhaitant un Joyeux Noël à tous ceux et à toutes celles qui liront «Rues de l'Église», je formule le voeu que Noël '85 nous permette de travailler avec plus de ferveur pour la paix à tous les niveaux, et pour une redécouverte du sens apporté par Jésus à la vocation de la femme et de l'homme.

(Rues de l'Église... Église de la rue, décembre 1985.)

«Pour préparer Noël»

A la fin de cette Année internationale de la Paix, en vous souhaitant un Joyeux Noël, je pense que nous sommes tous invités à renouveler notre engagement pour la cause de la paix dans le monde. La paix est une valeur si importante qu'elle doit être proclamée toujours et défendue par tous. Jésus, en venant habiter au milieu de nous, en épousant notre nature faible et fragile, nous invite instamment à devenir des bâtisseurs de paix. Il n'y a personne qui ne puisse retirer un bien immense de la paix. Il n'y a pas un coeur humain qui ne soit transformé lorsque prévaut la paix. Ce qui est vrai pour toutes les nations de l'univers est également vrai pour chaque famille, chaque groupe de personnes qui vivent ensemble, qui travaillent ensemble et qui célèbrent ensemble.

Je souhaite vivement que cette paix soit la préoccupation de tous ceux et de toutes celles qui gouvernent les nations. Ceux et celles qui orientent l'avenir du monde sont tous appelés à porter leur aide à la construction d'une paix unique, fondée sur la justice sociale, sur la dignité et les droits de toute personne humaine.

Même à la fin de cette Année internationale de la Paix, nous voyons encore qu'il existe des menaces sérieuses à la paix. On est porté à penser qu'il n'y a qu'un seul danger, celui d'une guerre atomique nucléaire. On pourrait facilement s'illusionner si s'arrêtait là notre préoccupation. L'augmentation de la vente et de l'achat des armes conventionnelles, et de plus en plus sophistiquées, produit de terribles résultats. En écoutant l'invitation de Jésus, ce premier artisan de paix, nous sommes tous conviés à mettre en place des moyens peut-être inusités pour assurer la construction de sociétés plus justes. Le sous-développement dont souffre la plus grande partie des nations de l'univers est une menace constante à la paix mondiale. La situation de paix, au plein sens du mot, situation qu'a voulu instaurer Jésus, ne peut co-exister avec l'injustice. La paix n'est pas et ne peut être réduite à une simple absence de conflits; elle est la tranquillité et la plénitude de l'ordre. Pour devenir totalement des artisans de paix, il faut accepter de se remettre en question et voir comment on pourrait favoriser de nouveaux modèles de sociétés et de relations internationales. Ceci veut dire conversion de la part des personnes et de la part également des groupes de personnes.

La paix veut dire aussi solidarité et fraternité réelles. Nous avons déjà répondu à des appels dans le passé pour venir en aide à ceux et celles qui étaient menacés de périr par manque de nourriture. Un grand nombre d'entre nous ont ouvert leurs bourses et donné de leur temps pour accueillir des réfugiés, que ce soient les réfugiés de la mer ou des régimes oppressifs. Il faut continuer ces gestes et peut-être même les amplifier. C'est pourquoi mon souhait à la fin de cette Année internationale de la Paix et à l'occasion de Noël peut se résumer à ces quelques mots:

«Là où se trouve la haine, que nous mettions l'amour;

Là où se trouve l'offense, que nous mettions le pardon;

Là où se trouve la discorde, que nous mettions l'union;

Là où se trouve l'erreur, que nous mettions la vérité;

Là où se trouve le doute, que nous mettions la foi;

Là où se trouve le désespoir, que nous mettions l'espérance;

Là où se trouvent les ténèbres, que nous mettions la lumière;

Là où se trouve la tristesse, que nous mettions la joie.»

(Prière de saint François d'Assise.)

Puissent ces efforts se conjuguer chez nous et en nous pour que nous répondions mieux à cette invitation pressante de Jésus de devenir des artisans de paix.

(Voeux de Noël 1986.)

Messages de Pâques

A quelques reprises, Mgr Proulx a adressé un message spécial de Pâques à ses diocésains. Voici quelques-uns de ces textes remplis d'espérance.

«Le Christ est ressuscité, Alleluia!»

Pâques, l'événement qui donne un sens nouveau à notre vie, doit être un commencement de résurrection pour tous les croyants. Au terme de ces quarante jours de montée ou de croissance dans la connaissance et l'amour de Jésus et de son message, notre coeur devrait être rempli de joie, de paix et d'espérance.

Est-ce vraiment ce que nous ressentons? Quand nous accompagnons les premiers témoins qui découvrent le tombeau vide, quand nous communions à la joie de Pierre et de tous les apôtres aux apparitions de Jésus, quand nous faisons un bout de chemin avec les disciples d'Emmaüs pour le découvrir enfin à la fraction du pain, sommes-nous portés à chanter «Alleluia» et nous sentons-nous transformés?

Malgré les apparences, l'humanité a été transformée par la résurrection du Christ.

Certains me diront qu'ils ont de la difficulté à voir comment le monde n'est plus pareil.

J'ai vu que ce n'était plus pareil autour de moi. J'ai vu que des chrétiens remplis d'espérance ne cessent pas de travailler pour que les pauvres et les vieillards soient traités avec dignité et avec amour: j'ai observé que des chrétiens de notre Église de Hull avaient fait un effort sincère pour partager avec les victimes du tremblement de terre du Guatemala et qu'ils avaient compris le message du Carême de Partage; j'ai participé à une célébration de remise de bible où quarante baptisés avaient humblement accepté le cheminement du catéchuménat pour mieux vivre leur engagement: j'ai communié à la joie de la découverte de Jésus des cursillistes, des «R cubistes» et des couples en «Marriage Encounter»; j'ai vu des chrétiens de toutes classes interpellés

vivement par la Parole de Dieu et déterminés à la traduire dans le quotidien de leur vie.

Pour toutes les raisons énumérées plus haut et pour bien d'autres encore, je crois que la Résurrection de Jésus a changé le monde et que cet événement continuera de le faire!

«Tu es ressuscité, Seigneur Jésus, afin que nous changions notre coeur et apprenions à nous aimer: donne à tous les chrétiens de l'Église de Hull la joie d'aimer et d'être aimés afin que le monde croie à ta bonne nouvelle et qu'il soit encore davantage transformé!»

Joyeuses Pâques! Alleluia!

(Le Droit, *27 avril 1976.*)

«Frères et soeurs, vous êtes ressuscités avec le Christ»

Cette affirmation de Paul s'adressant à des nouveaux chrétiens prend un sens extraordinaire pour les croyants de notre temps. Nous avons besoin, nous aussi, de nous tourner vers Jésus ressuscité pour raviver notre foi et ranimer notre espérance. Quand les hommes d'aujourd'hui, vivant dans une société cynique et désabusée, voient Jésus triompher de cette façon et d'une manière aussi éclatante de toutes les oppressions, ils ne peuvent pas ne pas chanter un «alleluia» irrépressible!

Notre goût inné pour la vie, pour une vie qui n'aura pas de fin, prend son sens plénier dans celle de Jésus. Notre baptême, qui manifeste dans la foi ce mystère unique de mort et de résurrection, trouve dans la fête de Pâques une réponse à toutes nos attentes.

Car Jésus, il y a deux jours, en ce Vendredi Saint, était le condamné, le pauvre, l'esclave, le persécuté, l'homme injustement crucifié. Il n'avait plus d'amis, ses Apôtres eux-mêmes l'ayant déserté. Ceux qui avaient profité de sa bonté n'étaient pas là pour le défendre. Bref, c'était un homme fini, un homme mort, selon toutes les règles ordinaires régissant la condition humaine. En ressuscitant, il proclame pour toujours la victoire ultime de la Vie sur la mort. Il annonce aux hommes épris de justice que leurs souffrances et leurs misères ont un sens car il est sorti vivant et glorieux du tombeau.

En ce jour de Pâques, les hommes persécutés pour la justice, les pauvres méprisés et bafoués par les puissants, les prisonniers torturés et mis à mort pour leurs idées, les vieillards et les enfants marginalisés, les minorités privées de droits essentiels, enfin tous les laissés pour compte de notre société peuvent relever la tête. Ils trouvent en Jésus la réponse à leur attente. Car pour ceux qui croient, la vie triomphante et lumineuse de Jésus à Pâques est l'annonce de la victoire sur tous les germes de mort qui nous entourent.

Avec saint Paul, nous pouvons répéter: «Frères, vous êtes ressuscités avec le Christ.»

Joyeuses Pâques à tous les croyants!

(Le Droit, 14 avril 1979.)

«Pâques, une fête de libération»

La fête de Pâques qui couronne cette saison de pénitence n'a pas fini de plonger les croyants dans l'émerveillement! Le Fils de Dieu fait homme, Jésus sort enfin victorieux comme il l'avait lui-même annoncé, et les disciples d'aujourd'hui, semblables à ceux de la première Pâques, ont de la peine à croire!

Si nous sommes vraiment baptisés en Jésus, comme le thème de ce Carême nous l'a rappelé, nous comprendons que la fête de Pâques est véritablement le jour de la vraie libération. Jésus annonce par sa vie, sa mort et sa résurrection, comment l'homme peut se libérer vraiment. Tous les autres chemins sont semés d'embûches et préparent la cruelle déception. Le monde actuel, tourné vers la violence et tout imbibé d'égoïsme, de recherche du pouvoir et de satisfaction égoïste, a plus que jamais besoin de l'enseignement que donne Jésus.

Jésus avait annoncé sa résurrection en ressuscitant Lazare. C'est lui qui dit à Marthe: «Je suis la Résurrection et la Vie; celui qui croit en moi, même s'il meurt, vivra, et quiconque vit et croit en moi ne mourra jamais.» Cette parole de Jésus est encore vraie aujourd'hui. La difficulté, elle est dans l'homme incrédule et complètement tourné vers les idoles qu'il a fabriquées de ses mains.

Si, au moins, ceux et celles qui se disent disciples de Jésus avaient la simplicité de marcher sur la route qu'il nous a tracée depuis le commencement. Si, au moins, le matin de Pâques marquait une résurrection véritable de tous ceux et de toutes celles qui se disent chrétiens, le monde n'aurait jamais plus la même apparence! Si, au moins, en ce matin de Pâques, nous vivions la réalité de notre baptême en Jésus, nous pourrions vraiment fêter notre libération et la libération d'une multitude d'hommes.

En vous souhaitant de Joyeuses Pâques, je prie le Seigneur Ressuscité et toujours vivant de vous combler de sa Paix et de son Amour.

(Le Droit, *16 avril 1981.*)

«La résurrection de Jésus et nous!»

La saison pascale nous rappelle avec force le sens de notre vie de chrétiens. Si nous sommes sur cette terre, c'est pour manifester au monde notre communion à Jésus, toujours présent à notre monde. Il a choisi d'être présent par nous, témoins privilégiés. Depuis notre baptême, il nous a plongés dans sa mort et sa résurrection. Nous sommes appelés à témoigner dans le monde de la Bonne Nouvelle du salut proposée à tous les hommes, et nous sommes invités à épouser le projet de Jésus lui-même. Tous, baptisés et confirmés, nous avons comme mission de travailler à l'évangélisation de nos frères et soeurs.

L'Église, communauté de croyants, se donne des moyens particuliers pour assurer la croissance du peuple choisi. Durant le mois d'avril, un dimanche est particulièrement consacré aux vocations. Les chrétiens et les chrétiennes se rendent compte de la diminution, parfois dramatique, des vocations sacerdotales et religieuses. Je vous invite à réfléchir durant ce mois à ce que nous pouvons faire pour favoriser l'éclosion et l'accompagnement des vocations. Nous avons tous la possibilité d'écouter régulièrement la Parole et d'avoir accès aux sacrements d'eucharistie et de réconciliation. Nous sommes, pour le moment, privilégiés d'avoir des ministres à notre service. En sera-t-il toujours ainsi? Des agents pastoraux qui ne sont pas prêtres sont aussi nécessaires, et nous devons prévoir plus de place pour eux et elles (agents) à tous les niveaux de notre vie en Église.

La résurrection de Jésus est un signe constant d'espérance. Cette résurrection peut-elle se réaliser mieux et davantage à l'intérieur de nos communautés chrétiennes? En annonçant la tenue d'un Concile diocésain, il y a presque un an maintenant, j'ai voulu favoriser la recherche, la prière et la participation. Ai-je trop exigé des chrétiens et des chrétiennes de notre Église de Gatineau-Hull?

(Rues de l'Église… Église de la rue, *avril 1986*.)

Marie dans l'histoire humaine

Homélie prononcée en la fête de l'Immaculée-Conception 1982, dans la cathédrale St-Jean-Marie-Vianney, diocèse de Gatineau-Hull.

Frères et Soeurs dans le Christ,

L'habitude de célébrer la fête de l'Immaculée-Conception dans notre diocèse de Gatineau-Hull n'a pas été interrompue par le choix d'une nouvelle cathédrale et le choix de St-Jean-Marie-Vianney comme patron. Je suis persuadé que ce dernier ne nous en voudra pas si nous allions la fête patronale de notre église à celle de la Vierge Marie envers qui il a toujours eu une dévotion très particulière.

Comme Église, cette célébration dans ce temps de préparation à la fête de Noël, en pleine saison de l'Avent, c'est toute une occasion pour nous, prêtres et fidèles, de nous rappeler notre mission, celle de préparer la venue de Jésus en notre temps, et celle de rappeler à tous ceux et à toutes celles qui se glorifient du titre de chrétiens que leur tâche n'est jamais terminée.

Cette tâche de Marie qui est annoncée dans l'évangile d'aujourd'hui, c'est celle aussi de l'Église que nous sommes. Marie avait raison d'interroger l'ange à l'Annonciation. Elle pouvait même exiger des réponses précises à ces questions. Une fois ces réponses obtenues, elle n'a pas hésité à prendre sur elle la mission confiée par le Père et elle deviendra de plus en plus la Mère de Jésus et, au cours des siècles, la Mère de l'Église, puisque dans le plan de Dieu, l'un et l'autre doivent devenir interchangeables.

La première lecture d'aujourd'hui, qui nous raconte la chute initiale, la première rupture, et qui explique l'intervention de Dieu dans l'histoire humaine, n'est pas seulement une histoire ancienne – je devrais dire, elle n'est premièrement pas ça! Il est bon qu'elle nous soit rappelée pour bien montrer la logique d'un Dieu aimant qui ne se refuse pas à venir réparer les brisures causées par l'homme. L'histoire de cette première chute n'est pas non plus limitée à nos premiers parents. Au cours des siècles, d'autres chutes, d'autres tragédies viendront démontrer l'extrême faiblesse de l'homme face à son destin et demanderont aussi des gestes réparateurs.

L'homme d'aujourd'hui continue-t-il de menacer constamment son équilibre, sa paix, sa dignité, en un mot, son salut? L'homme d'aujourd'hui a-t-il besoin d'un Sauveur qui assurera la communication entre le Créateur et lui-même? Le serpent dont il est question dans la Genèse est-il encore présent dans notre monde, et comme Dieu l'a prédit quant à son rôle vis-à-vis de l'homme: «Et toi, tu l'atteindras au talon»?

En cette fin du 20e siècle, nous pouvons à juste titre dire que l'homme, par sa faute, risque de précipiter le monde dans un précipice horrifiant. L'homme pense encore régler ses problèmes par le recours à la guerre et, dans notre temps, on peut même dire qu'on ne peut pas parler de guerre mondiale sans l'utilisation d'armes nucléaires. Comment l'homme, instruit de l'expérience du passé, peut-il croire assurer le progrès de sa marche sur cette terre en assurant littéralement sa destruction finale? Ces rumeurs de guerre et ces déchirements violents à l'intérieur de certaines nations ne sont-elles pas une édition moderne de l'histoire de la première chute racontée par la Genèse? Des hommes, militaires ou politiciens, disent sans rougir qu'il est même nécessaire de recourir à la guerre pour limiter la population du globe, pour assurer le bien-être des survivants. Y a-t-il des signes de rupture, de chute, dans notre société plus proche, celle du Canada, celle du Québec? Le temps de crise que nous traversons est-il uniquement un signe de courte vue de la part de nos politiciens, ou est-ce une annonce d'une chute plus grave? La course effrénée au confort, l'oubli de valeurs que l'on considérait encore hier comme essentielles, la dégradation de la morale publique, sont-ce là des indications d'une chute dangereuse pour la véritable paix de nos milieux? Le fait que nos preneurs de décision semblent incapables de corriger le parcours et admettent, à toutes fins utiles, leur incapacité d'être sauveurs, qu'est-ce que cela signifie pour nous qui sommes l'Église d'aujourd'hui, pour notre temps? Le taux élevé de divorce, de séparation et de dislocation des familles, le taux effrayant de suicides surtout chez les 18-25 ans, l'exploitation de plus en plus honteuse du corps humain dans les établissements publics, ici même sur notre territoire, tout cela ne nous dit-il pas que nous sommes en pleine histoire de chute grave, chute qui devrait rappeler vivement aux chrétiens conscients de l'être, qu'ils se doivent d'assumer leur mission, car, comme le dit saint Paul: «Il nous a d'avance destinés à devenir pour lui des fils par Jésus Christ.»

(traduit de l'anglais)

Dans cette célébration de l'Immaculée Conception, nous essayons de suivre l'exemple de Marie en acceptant de participer à la mission de Jésus Christ. Comme il est proposé dans la scène de l'Annonciation racontée dans l'évangile de ce jour, l'Église que nous sommes est invitée à présenter à ce monde en péril la personne du Christ, notre Seigneur. Nous qui sommes accablés par tant de peurs: peur d'une guerre nucléaire, d'une rupture de notre famille, des tragédies du chômage chez les jeunes, d'une débandade complète de la moralité publique, tournons nos yeux et notre coeur vers Jésus, le Verbe de Dieu fait Chair, tournons-nous vers Marie qui l'a donné au monde, tournons-nous enfin vers saint Jean-Marie Vianney, patron de notre diocèse, lui qui n'a pas craint, dans un temps troublé comme le nôtre, de présenter des solutions inspirées de l'Évangile *(fin de la traduction)*.

Dans la préface de cette messe, nous dirons de Marie: «Car tu as préservé la Vierge Marie de toutes les séquelles du premier péché, et tu l'as comblée de grâce pour préparer à ton Fils une mère vraiment digne de lui; en elle, tu préfigures l'Église, la fiancée sans ride, sans tache, resplendissante de beauté. Cette Vierge pure devait nous donner le Sauveur, l'Agneau immaculé qui enlève nos fautes.»

Sommes-nous encore cette Église annoncée par Marie et sommes-nous capables de faire face aux nouveaux défis qui se lèvent à l'horizon? Quand accepterons-nous vraiment d'être porteurs de la mission de Jésus pour qu'enfin le monde voie et croie?

Cinquième partie

Quelques témoignages

Un livre suffirait à peine à explorer toutes les dimensions de l'action de cet ex-mineur de Sudbury devenu évêque de Gatineau-Hull... Il fut l'un des principaux animateurs du courant progressiste dans l'Église et l'inspirateur de nombre de déclarations sur la crise économique, le chômage, la place des jeunes, etc. Il ne craignait pas de projeter l'image d'un contestataire... Mgr Proulx était un homme de paix. Il s'inquiétait de la croissance de la violence, des guerres qui peuvent déboucher sur la destruction du monde... Son implication dépassait nos frontières. Il ne ménageait pas ses efforts pour développer la solidarité avec les peuples démunis, notamment ceux d'Amérique centrale et d'Amérique latine... Il n'est certes pas étranger au fait qu'aujourd'hui l'Épiscopat canadien est considéré comme à l'avant-garde de tous les épiscopats sur la question de l'égalité des femmes. Mgr Proulx était un militant et un homme de combat. Il ne craignait pas de descendre dans la rue... Son décès constitue une perte irrémédiable pour la collectivité québécoise.

Pierre Graveline
membre de l'exécutif du NPD-Québec

Mes contacts prolongés avec lui me faisaient confier à bien des gens que je le considérais comme un homme d'une stature extraordinaire. Un engagement profond au nom de la justice et de l'amour, un don complet de sa personne pour les pauvres et les petits, un contact constant avec Jésus crucifié, au coeur de la maladie, un service souriant et désintéressé: en faut-il plus pour reconnaître un vrai disciple du Christ? C'est ce que fut notre ami Adolphe.

Mgr Jean-Guy Hamelin
évêque de Rouyn-Noranda

Contrastant avec sa fragilité physique, le ton vigoureux de ses déclarations publiques, toujours judicieuses et très pertinentes, faisait réfléchir toute personne de bonne volonté... Ce prêtre-évêque, pasteur-militant, n'était pas du type diplomate ni du genre président honoraire; mais plutôt du type Helder Camara, évêque du Brésil. Par certains aspects de son attachante personnalité, il me rappelait Mgr Joseph Charbonneau. Ces deux Canadiens français nés en Ontario peuvent inspirer encore longtemps les Québécois qu'ils soient catholiques pratiquants ou agnostiques. Mgr Adolphe Proulx survit au temps.

Simonne Monet-Chartrand

auteure

   Il a essayé de vivre intensément et de façon authentique l'Évangile. C'était un homme simple, accueillant, à l'écoute... facile d'amitié. Mgr Proulx était présent partout. Il portait les problèmes des gens et épousait les causes des mouvements populaires: femmes battues, logement, personnes âgées, chômeurs, mères célibataires, etc. Ça l'empêchait de dormir et il fallait qu'il fasse quelque chose. C'était un saint. Ce qui ne veut pas dire qu'il n'avait pas de défauts. Ce n'était peut-être pas un grand évêque si on entend par cela un meneur d'hommes, un grand rassembleur de chrétiens, un grand orateur ou priant de l'Église, mais c'était un homme sincère, qui suivait ses intuitions. Il était l'envers de tous les pouvoirs, car pour lui ça ne représentait pas l'essentiel. Il était d'abord solidaire des souffrances et des espoirs des gens et, pour moi, Mgr Proulx était un grand chrétien, profondément conscient de ses responsabilités de croyant... selon son charisme à lui

Marc-André Tardif
animateur laïc de la paroisse de Cantley

Il n'a jamais eu peur de se prononcer sur les sujets les plus délicats. Et en plus de ne pas avoir peur de dire ce qu'il pensait de certaines situations, il croyait fermement à ses opinions. Ses prises de position avaient même dans le passé rendu certaines personnes mal à l'aise. Plusieurs politiciens devaient se grouiller sur leurs chaises.

Jean-Marie Charbonneau
curé de St-Jean-de-Brébeuf, Sudbury
neveu de Mgr Proulx

Il était là où les gens avaient besoin de lui. Il était présent partout: chez les ouvriers, les pauvres, les prisonniers et les handicapés. Il a permis à certains groupes populaires de s'organiser. Mais son parti-pris pour la justice sociale dépassait largement le diocèse.

Marcel Lahaie
prêtre du diocèse de Gatineau-Hull

C'est une perte grave pour l'Église de tout le Canada. Mgr Proulx était devenu un véritable chef. Il était vraiment un pasteur au milieu de son peuple et ouvrait également son coeur au niveau international par son engagement à la Commission des droits de la personne au sein de la Conférence des évêques catholiques... Les réflexions éthiques de la Conférence des évêques du Canada sur la crise économique ont mis beaucoup de pression sur l'Église. L'évêque de Gatineau-Hull a alors soutenu le rôle de la commission des Affaires sociales tant devant la presse que devant les politiciens.

Mgr Remi De Roo
évêque de Victoria

D'où lui venait ce courage inlassable en faveur des causes publiques les plus difficiles, sinon les plus désespérées? La réponse ne nous appartient pas. Qu'il nous suffise de rappeler que, pour lui, il ne s'agissait pas de «politiser» l'Évangile, de le ravaler au rang de «programme de réforme de l'ordre temporel». Non, il était toujours et partout témoin de Dieu. Il parlait du Christ et de la vie avec Dieu, comme d'autres parlent du baseball ou du temps qu'il fait, avec un naturel désarmant, sans apprêts, de façon radicale («qui va aux racines»). Adolphe Proulx, c'était peut-être cela: le radicalisme évangélique souriant. Aux antipodes de tous les dogmatismes et de toutes les somnolences.

Paul-Marcel Lemaire
Hull

Il a refusé de réduire son ministère aux strictes préoccupations intérieures de son Église et il a eu le courage de rappeler à ceux qui détiennent le pouvoir que leurs politiques sociales et économiques avaient pour effet, plus souvent qu'autrement, de creuser le fossé entre les riches et les pauvres. Il a dérangé la bonne conscience de nos hommes politiques plus préoccupés par les secteurs de l'opinion publique qui défendent l'ordre établi... Nous sommes convaincus que la tradition d'intervention sociale portée par des Adolphe Proulx à l'intérieur de son Église s'épanouira malgré son absence. La mémoire de cet homme nous servira d'exemple dans tous les combats à mener pour infléchir notre société vers plus d'humanité.

Gérald McKenzie
président, Ligue des droits et libertés (Montréal)

L'Église de Gatineau-Hull a vécu une grande histoire d'amour avec Mgr Adolphe Proulx. Il nous a fait découvrir notre dignité et, surtout, notre responsabilité de baptisés.

Reynald Labelle
ancien président du conseil diocésain de pastorale
et président de la commission d'étude
sur la crise économique et la pauvreté

Sa mort prématurée est une perte, non seulement pour l'Église catholique, mais pour la communauté chrétienne tout entière.

Mgr Michael Peers
primat de l'Église anglicane au Canada

Partout où l'être humain était ou risquait d'être offensé dans sa dignité, Mgr Adolphe Proulx était présent. Au nom de l'Évangile, au nom de son sacerdoce héritier de celui des Apôtres, il était partout invité à secouer doucement l'indifférence. Doucement, à sa manière originale... Car il était le même, doux, partout. Que ce fût dans une réunion de l'âge d'or d'une paroisse de son diocèse, ou dans une rencontre avec les puissants du jour, il était en tout temps fidèle à lui-même: ceux et celles qui l'auront rencontré dans ces occasions diverses en témoignent. Il a eu aisément cette notoriété que d'autres cherchent et ne trouvent pas. Pourquoi? La réponse se trouve peut-être en ce qu'il sut toujours demeurer, sans artifice, le jeune homme originaire, sans prétention, de Val Thérèse, près de Sudbury. Ceux-ci, les humbles, les simples, ont la chaleur communicative qui fait éclore les dévouements les plus sincères. Cette attitude que les gens de Gatineau-Hull ont aimé et qui a fait trembler les grands de notre pays!

Pierre Tremblay
éditorial du journal Le Droit, Ottawa (24 juillet 1987)

Devant tous ces sentiers ouverts, on comprend que beaucoup de personnes et de communautés chrétiennes deviennent plus conscientes des liens indissociables qui doivent se tisser entre la foi et la responsabilité sociale. On comprend aussi qu'elles entendent rester fidèles à leurs expériences, encore fragiles, et à la présence inspirante de celui qui a su leur révéler, au coeur de leur vie, le souffle de Jésus Christ. Il nous faudra, dans les années qui viennent, écouter peut-être davantage ce que l'Esprit dit à l'Église de Gatineau-Hull, car des lignes de notre avenir à tous et à toutes ont vraisemblablement commencé à s'y dessiner. Chose certaine, ce serait déjà une bonne façon de "faire mémoire" de ce grand témoin du Souffle et de l'espérance que demeure notre frère Adolphe Proulx

Guy Paiement, "Celui qui ouvrait des chemins", Relations, septembre 1987, p. 196

Dans le mouvement syndical, on est toujours à la recherche d'hommes et de femmes qui ont une vision large de la société et qui sont capables d'être répondants pour l'action collective, pour l'action syndicale, pour l'action ecclésiale, qui demeure une action collective.

En 1987, on en perd un, je souhaiterais qu'on en trouve dix autres. Des Adolphe, il en faudrait beaucoup d'autres. Parce que les pauvres dans la société, et même ceux qui sont organisés, ont comme de la misère à rayonner. Et des personnes comme Proulx permettent à ces aspirations d'éclater. Si j'ai un voeu à exprimer, c'est que l'Église continue à en produire.

Gérald Larose
président de la C.S.N.

Je représente 2 200 000 travailleuses et travailleurs canadiens... Je pense que le mouvement syndical se sentait tout proche de lui... Il a réellement changé beaucoup d'opinions au sujet des travailleurs; il a changé la mentalité de beaucoup de politiciens, d'hommes d'affaires, leur façon de penser sur les travailleurs de ce pays. Dans notre pays où les aspirations commencent à s'effondrer, dans ces générations où le besoin de l'Église et du christianisme a du mal à revenir, cet homme a eu l'audace, il a osé parlé tout haut et encourager tout le monde, en ce pays et autour du globe. Nous sommes fiers de lui. Nous sommes fiers d'avoir partagé au moins une poignée de mains avec lui.

Shirley G. E. Carr
présidente, Congrès du travail du Canada

Je pense qu'Adolphe marche encore avec nous... Il m'a enseigné qu'il est correct d'être libre, il est correct de laisser s'exprimer en moi ce que je porte de meilleur. Parce que ce n'est pas assez de se sentir triste pour les pauvres... ou de penser que les gens devraient avoir des salaires justes... Parce qu'il était croyant et rempli d'amour, parce qu'il était vraiment libre à l'intérieur de lui-même, il nous a transmis tout cela... C'est un défi pour nous, un défi pour l'Église. Allons-nous entendre son message? Allons-nous nous libérer? Allons-nous aimer comme Jésus nous a dit d'aimer? Saurons-nous, avec toutes nos richesses, faire en sorte que les gens aient tous un abri pour la saison froide? Saurons-nous empêcher le Parlement du Canada de passer des lois qui nous sont inacceptables?

Marion Dewar
député au Parlement de l'Ontario

Table des matières